Jean Améry, im Oktober 1912 als Hans Mayer in Wien geboren, zählt zu den bedeutendsten europäischen Intellektuellen der sechziger und siebziger Jahre. Seine bahnbrechenden Essays sind in ihrer Bedeutung vielleicht nur mit den Schriften Hannah Arendts und Theodor W. Adornos zu vergleichen. Als Reflexion über die Existenz im Vernichtungslager stehen sie vermutlich Primo Levis Büchern am nächsten. Zugleich jedoch hat Améry wie kaum ein anderer Intellektueller die deutsche Öffentlichkeit mit französischen Denkern und Schriftstellern bekannt gemacht und konfrontiert. Jean Améry starb im Oktober 1978 durch eigene Hand.

Irene Heidelberger-Leonard, geboren 1944 in der Emigration in Frankreich, war Professorin an der Université Libre de Bruxelles und publizierte zu Günter Grass, Alfred Andersch, Jurek Becker, W. G. Sebald und Imre Kertész. Sie ist die Gesamtherausgeberin der bei Klett-Cotta erscheinenden Améry-Werkausgabe. Für ihre Biographie »Jean Améry. Revolte in der Resignation« (2004) erhielt sie den Preis der Einhard-Stiftung für herausragende Biografik.

JEAN AMÉRY

DER NEUE ANTISEMITISMUS

Mit einen Vorwort von
Irene Heidelberger-Leonard

COTTA

Cotta
www.klett-cotta.de

Cover: Rothfos & Gabler, Hamburg
Gesetzt von C.H.Beck.Media.Solutions, Nördlingen
Gedruckt und gebunden von GGP Media GmbH, Pößneck
ISBN 978-3-7681-9828-8
E-Book ISBN 978-3-7681-9829-5

Vierte Auflage, 2024

Bibliografische Information der Deutschen Nationalbibliothek
Die Deutsche Nationalbibliothek verzeichnet diese Publikation in der Deutschen Nationalbibliografie; detaillierte bibliografische Daten sind im Internet über http://dnb.d-nb.de abrufbar.

INHALT

VORWORT

von Irene Heidelberger-Leonard

Es gibt in Stuttgart, Heimstätte von Jean Amérys Verlag Klett-Cotta, einen Jean-Améry-Weg. Auf dem Straßenschild steht geschrieben: »Jean Améry (Hans Mayer), 1912–1978, Schriftsteller und Verfolgter des Naziregimes«. Als sich der Stuttgarter Gemeinderat 1987 zu dieser Namensnennung entschloss, wollte er damit zum Ausdruck bringen, dass der einst aus dem deutschsprachigen Raum Vertriebene neun Jahre nach seinem Tod zu einem festen Bezugspunkt in der deutschen Öffentlichkeit geworden war. Dieser Schriftsteller, der sich zu Lebzeiten schon als Anachronist verstanden hatte, hat sich im Nachhinein als ein Kritiker erwiesen, der seiner Zeit 50 Jahre voraus war. In seinen Essays formuliert er Gedanken, die nicht nur vom Historikerstreit (1987) und von der Walser-Bubis-Debatte (2000) schon längst eingeholt wurden, sondern gerade heute mit dem rasanten Aufstieg der AfD und erst recht mit dem Gaza-Krieg gegen den mörderischen Angriff der Hamas mehr denn je im Zentrum der deutschen Debatten stehen: die Frage nach der Einzigartigkeit des Judeozids, nach deutscher Identität, und – nach altneuem Antisemitismus.

Die Aktualität der in diesem Band vorgestellten Essays ist geradezu erschreckend: Diese Aufsätze, die Améry zwischen 1969 und 1976 verfasste, erwecken den Eindruck, sie seien eigens für den heutigen Tag geschrieben worden. Sie lesen sich als Warnung an das Deutschland von heute, wo die Juden sich – wieder einmal – nicht mehr sicher fühlen.

Wie konnte es dazu kommen, dass derselbe Jean Améry, der sich noch Jahre nach seiner Befreiung geschworen hatte, nie mehr deutschen Boden zu betreten, binnen kürzester Zeit zum Liebling der westdeutschen Medien aufstieg? Es waren die Frankfurter Auschwitz-Prozesse von 1963–1965, die ihn dazu drängten, »sein Wort in die Waagschale zu werfen«. *Sein* Auschwitz wollte er erzählen. Und als sich im Februar 1964 mit dem Dichter Helmut Heißenbüttel die Gelegenheit ergab, für den *Süddeutschen Rundfunk* zu schreiben und zu sprechen, ergriff er – freudig, wenn auch nicht ohne schlechtes Gewissen – die Gelegenheit. So blieb es, bis Jean Améry den Weg ins Freie ging. Helmut Heißenbüttel blieb dem neuen Freund bis zu dessen Tod engstens verbunden. Und weil Amérys erste fünf Essays, die er in der Publikation *Jenseits von Schuld und Sühne (1966)* bündelte, im bundesrepublikanischen Literaturbetrieb derart einschlugen, meldeten sich auch der *Westdeutsche*, der *Norddeutsche* und der *Bayerische Rundfunk*. Auch das Interesse der großen Zeitungen war geweckt worden: Karl Korn, Mitherausgeber der *Frankfurter Allgemeinen Zeitung*, und wenig später auch Feuilletonchef Karl Heinz Bohrer buhlten um Améry; dieser fühlte sich aber dem Redakteur Wolfram Schütte und der politisch links ausgerichteten *Frankfurter Rundschau* verpflichtet. Deshalb, aus Loyalitätsgründen, mochte er der *FAZ* seine Mitarbeit nicht zusichern. Auch Horst Krüger, langjähriger Feuilletonist der *Zeit*, bekundete sein Interesse – sie alle rissen sich um den Essayisten Jean Améry, ganz zu schweigen vom *Merkur*, für den er mehrere Dutzend Essays und Rezensionen verfasste.

Auch seine Schriftsteller-Kollegen meldeten sich zu Wort: Alfred Andersch lobte *Jenseits von Schuld und Sühne* als einen »Fixpunkt, auf den sich jedes Weiterdenken in Zukunft beziehen muss«, als ein »Grunddokument unserer Zeit«, der Nobelpreisträger Elias Canetti staunte über den »Prophet(en) aus seiner eigenen Leiblichkeit heraus« und der österreichische Philosoph Ernst Fischer bewunderte Amérys »Energie des Intellekts«, seine »Distanz im Mittendrinsein, dieses Sagen des Unsäglichen«; man könne von ihm »die Kunst lernen, wie man Aufrichtigkeit, *understatement,* Verflechtung von Erlebnis und Erkenntnis zur Prosa ersten Ranges konzentriert.« Adorno rühmte ihn, weil er »die Veränderungen in den Gesteinsschichten der Erfahrung [...] in einer geradezu bewundernswerten Weise zum Ausdruck (bringt)«, und Ingeborg Bachmann setzte ihm noch zu Lebzeiten in ihrer schönsten Erzählung *Drei Wege zum See* ein Denkmal.

Anderschs Prognose hat sich bewahrheitet, denn Fixpunkt zum Weiterdenken ist Jean Améry allemal geblieben: Nicht nur W. G. Sebald lässt sich in *Austerlitz* (2001) von ihm inspirieren, auch für Imre Kertész wird er Anfang der 90er Jahre zu einer »Offenbarung«. Und in der Tat: Grunddokument, ja Grundlagentext des laizistischen Judentums nicht nur für unsere Zeit, sondern vor allem für Améry selbst ist sein Aufsatz *Mein Judentum* geblieben, zurecht bildet er auch den Auftakt dieses Bandes. Von *Mein Judentum* leitet sich auch Amérys Stellung zum Antisemitismus und zum Zionismus ab. Er spricht vom »Judesein« und nicht vom Judentum, bewusst formt Améry diesen Neologismus: Es geht ihm um das historische, politische und ethische *Existential* des Jüdischseins, nicht um eine Religion. Die Analyse seiner eigenen Identitätsbildung und -findung bietet sich auch als Modell an für andere Varianten von historisch-gesellschaftlichen Fremdbestimmungen, denn nur als solche erkennt Améry den Juden in sich. Amérys Judesein definiert sich einzig über die Nürnberger Rassengesetze von 1935. Die Auschwitznummer ist ihm, dem »Katastrophenjuden«, zur Grundformel seiner jüdischen Existenz geworden, sie sei aussagekräftiger und lese sich kürzer als der Talmud.

Aber das Negativum Jude, dieser Tote auf Abruf, der an einer »schleichende(n) Krankheit« leidet, diese Fremdheit in der Welt lässt Améry in ein Positivum umschlagen. Jean Améry nimmt den Urteilsspruch der Geschichte an mit dem Entschluss, ihn in der Revolte zu überwinden. Selbst im Zustand der Todesdrohung widersetzte er sich in Auschwitz-Monowitz dem Häftlingsvorarbeiter Juszek. Ihn schlug Améry in offener Revolte zurück: »Meine Würde saß als Faustschlag an seinem Kiefer – und dass am Ende ich, der körperlich viel Schwächere, es war, der unterlag, [...] hatte keine Bedeutung mehr. Ich war schmerzhaft verprügelt, mit mir zufrieden.« Die Fatalität des Judeseins wird überwunden, nicht in der Verleugnung, sondern in der bewussten Annahme eines moralischen Auftrags, in der Verbündung mit allen Entrechteten und Unterdrückten. »Ohne das Gefühl der Zugehörigkeit zu den Bedrohten wäre ich ein sich selbst aufgebender Flüchtling vor der Wirklichkeit.«

Jean Améry *wählt* sich als Jude, er spricht der Dissimilation das Wort. Er verwandelt die Fremdbestimmung in Selbstbestimmung.

Eng verbunden mit dieser Selbstwahl ist Jean Amérys

Verhältnis zu Israel. Wie mit dem Judesein waltet auch hier die Paradoxie zwischen Zwang und Unmöglichkeit: Das Land ist ihm fremd, kulturell und religiös, es ist ihm kein heiliges Land, und »dennoch ist das Bestehen dieses Staatswesens mir wichtiger als irgendeines anderen.« Sein Engagement für Israel sei ihm keine freiwillig eingegangene Verbindlichkeit, sondern schlicht eine »Sache der Existenz«. Die Virtualität dieses Staates sei so entscheidend für sein seelisches Gleichgewicht, dass ihm die Bedrohung Israels im Sechstagekrieg von 1967, dann im Jom-Kippur-Krieg zur höchstpersönlichen Bedrohung wurde. Unschwer sich vorzustellen, wie ihn der Krieg seit 2023 erst recht zutiefst gegrämt hätte. Und doch hält er an dieser Einsicht fest: »Es verhält sich ganz schlicht so«, erklärt er in *Der ehrbare Antisemitismus,* »dass das Bestehen eines Judenstaates, dessen Bewohner nicht nur Kaufleute, sondern auch Bauern sind, nicht nur Intellektuelle, sondern auch Berufssoldaten, nicht ›Wucherer‹, vielmehr in ihrer Majorität Handwerker, Industrie- und Agrarproletarier, alle Juden den aufrechten Gang wieder gelehrt hat.« Mehr noch, Israel sei nicht nur das Land, in der der Jude sich nicht mehr im Sinne Sartres das Eigenbild vom Feinde aufprägen lassen müsse, es sei bis zum heutigen Tag das Land für alle beleidigten Juden der Welt.

Mit dieser Überzeugung setzte er sich, der sich nur als Mann der Linken denken konnte, zwischen alle Stühle;

die Rechten schimpften ihn einen Kommunisten, die Linken einen Renegaten, dem Kulturbetrieb wurde er als Selbstdenker nun suspekt. Der Medienliebling stürzte ab, noch nie war er so isoliert, noch nie hatte er sich so allein gelassen gefühlt. Wir befinden uns im Zeitabschnitt 1969–1976. Weder die alte noch die neue Linke wusste etwas mit ihm anzufangen. Denn kein Konflikt macht die Diskrepanz, die zwischen Améry und der Linken aufbrach, so anschaulich, wie ihr respektives Verhältnis zu Israel. Die Stichdaten in Israels Geschichte forderten ihn zu einem erbitterten Schlagaustausch auf: Der schon erwähnte Sechstagekrieg von 1967, die palästinensischen Attentate auf die israelischen Sportler bei der Münchner Olympiade von 1972, der Jom-Kippur-Krieg von 1973 und schließlich die Ereignisse um Entebbe von 1976.

Vom *ehrbaren* Antisemitismus ist die Rede, »ehrbar« als ironische Pointe, denn wie sollte Antisemitismus jemals ehrbar sein? Es geht um den linken Antisemitismus, der sich, so Améry, als Antizionismus tarnt. Die Studentenrevolution in Frankreich verursacht den Fall de Gaulles, in ganz Europa erhebt sich die Jugend gegen den Vietnamkrieg, in Deutschland erstarkt die APO – Améry spricht die Jugend Deutschlands in all seinen Schriften direkt an, »die bildsame [...] und nach Utopia strebende, also: die *linke.*« Schon 1961, am Ende von *Geburt der Gegenwart,* hatte Améry sich vorgestellt, wie die

Jugend sich unter seiner Anleitung in der Auseinandersetzung mit dem Antisemitismus neu konstituieren würde. Die Verachtung, die die Alliierten dem alten Tätervolk nach der Kapitulation bezeugten und die Hoffnung auf eine unbelastete Jugend, machte ihn glauben, »dass alles von Grund auf verwandelt (sei)«, dass die Würde der Juden nun auf ewig wieder hergestellt sei. Eine knappe Weltstunde habe er sich dieser Illusion hingeben dürfen.

Aber eben diese Linke, mit der er sich im Einverständnis geglaubt hatte, vermochte in den 60er und 70er Jahren aus Ideologieverblendung und Dialektikrausch nicht mehr zu unterscheiden zwischen einer gefährdeten und einer gefestigten Demokratie wie die der Bundesrepublik, die sie in Bausch und Bogen als faschistisch bekämpfte. Vollends schutzlos fühlte sich Améry vor dieser Neuen Linken, wenn sie den »ausgesetzten Zwergstaat Israel«, die einzige Demokratie im Nahen Osten, als imperialistisch und kolonialistisch denunzierte und den Zionismus als Weltpest verdammte. Er, politisches wie jüdisches Nazi-Opfer, »kann nicht schweigen wenn unter dem Banne des Antizionismus der alte miserable Antisemitismus sich wieder hervorragt.« Er hatte am eigenen Leib erfahren, »wie das Wort Fleisch ward und das fleischgewordene Wort schließlich zu gehäuften Kadavern. [...] Hier wird wieder einmal mit dem Feuer gespielt«, schlug er Alarm, »das so vielen ein Grab in den Wolken grub.« Nie hätte er sich träumen lassen, dass er nun wider seine »natürlichen Freunde« die Stimme erheben müsse. Die jungen Schwärmer, vernebelt von einem falschen Verständnis von Adornos Kritischer Theorie, hätten das gesamte aufklärerische Erbe, das ihnen zu Gebote stand, verraten. Von den alten Reaktionären, die Albert Speer – Rüstungsminister während des Zweiten Weltkrieges und Günstling Adolf Hitlers – zum Bestsellerautor werden ließen, sei nie etwas anderes zu erwarten gewesen.

Aber die Tatsache, dass er sich bei der Neuen Linken kein Gehör verschaffen konnte, dass sie sich auf seine Reflektionen über Tortur und Auschwitz niemals eingelassen hatten, dass sein Rekurs auf den quälbaren Leib, »auf den Menschen, dieses arme Bündel aus leicht verletzlichem Fleisch, [...] diese arme Haut, die nichts will als sich schützen gegen Eiseskälte und versengende Hitze«, dass diese Neue Linke seine eindringlichen Analysen schnöde beiseite schob, ließ ihn verzweifeln.

Er gab nicht sofort auf: 1969 meinte Améry noch mit dieser selbstentfremdeten Linken rechnen zu können, die unter dem Banner marschierte: »Schlagt die Zionisten tot, macht den Nahen Osten rot.« Ein solcher Hassgesang gegen Israel sei dazu angetan, den Genozid von morgen vorzubereiten. Wie die Linke begreifen machen, dass Israel immer noch vor dem finsteren Grund der

Katastrophe gesehen werden müsse? Dabei belaste ihn das Recht der Eigenstaatlichkeit der Araber im gleichen Maße wie sie. Im Nahostkonflikt stünde Recht gegen Recht, aber keineswegs »Gefahr gegen Gefahr gleicher Ordnung«. Das Recht der Araber, das sich in Petrodollars quantifizieren lasse, von dem numerischen Ungleichgewicht gar nicht zu reden, habe dabei realpolitisch die größeren Chancen, formulierte er 1976. Er zerbrach sich den Kopf, wie er der Neuen Linken das Phänomen Israel als legitime Zufluchtsstätte klar machen könnte. Schließlich sei es nicht die Schuld der Israelis, erinnert Améry, wenn die Neue Linke vergessen hatte, was Andrei Gromyko 1948 als Vertreter der UdSSR im Sicherheitsrat der Vereinten Nationen deklarierte, dass nämlich die Existenz des jüdischen Staates ein Faktum und von den arabischen Staaten anzuerkennen sei. Die Junglinke möge ihren antizionistischen Furor erkennen als das, was er ist, nämlich als den Keim jahrhundertealten, noch keineswegs bewältigten Antisemitismus. Stattdessen sollten sie sich Sartres Diktum zu eigen machen: »Pas un Français ne sera en sécurité tant qu'un juif en France et dans le monde entier doit craindre pour sa vie.« Nein, der Antizionismus, auch wenn er sich ehrbar nenne, sei alles andere als ehrbar. Nach dem Jom-Kippur-Krieg wurde Amérys Ton noch aussichtsloser, er hatte es aufgegeben, um die revolutionäre Linke zu werben.

Ein letztes Mal versuchte er es mit seinen eigenen Generationsgenossen, den Freunden aus der Berliner Akademie der Künste. Aber auch hier scheiterte er. In einer Radiosendung »Einsam – wie einst in Auschwitz« klagte er darüber, dass er seine Kollegen in der Akademie nicht zu einer Solidaritätskundgebung habe bewegen können, nur Unmut hätte er sich eingehandelt. Auch für sie hätte das Schlagwort vom »Erwachen der dritten Welt« gegolten. Sofern die Juden zur damaligen Zeit Freunde hatten, zählten hierzu Journalistinnen und Journalisten aus dem Verlagshaus Axel Springer, denen die Verteidigung Israels im Kalten Krieg nur als Vorwand für Antisowjetismus diente.

Er verfolgte die Situation in Israel mit Argusaugen und war bereit, sofern die Situation es verlangte, scharfe Kritik an bestimmten politischen Entwicklungen in Israel zu üben. Im August 1977, ein Jahr vor seinem Freitod, sah Améry sich genötigt, in einem Artikel für *Die Zeit* einen Essay über die Grenzen seiner Solidarität zu verfassen: *Die Diaspora Juden und Israel.* »Ist es statthaft«, fragte er, »zu einem Zeitpunkt [...] da ein erheblicher Teil der unabhängigen Linken sich gedankenlos gleichschaltet mit den Streichern und den Stürmern der vorgeblich sozialistischen Länder, dem vereinsamten Israel einen Dolchstoß in den Rücken zu versetzen?« Und er antwortete: »Man darf. Man muss.« Ohne jeden Zweifel hätte ihn die heutige Verwüstung Gazas, Israels Antwort auf den Terror der Hamas, vollends an die Grenzen seiner Solidarität getrieben, umso mehr als die Regierung Netanjahus keinerlei Perspektive auf eine Zwei-Staaten-Lösung offen lässt.

Schwerwiegende Bedenken hatte er schon 1977 anzumelden, die heute fast 50 Jahre später um vieles schwerwiegender geworden sind – an Aktualität haben sie indes nichts eingebüßt. Améry empörte sich gegen Premier Begin, der mit Berufung auf biblische Verheißung ohne viel Federlesens die im Sechstagekrieg besetzten Gebiete als »befreite« bezeichnete. Zum anderen hielt er es für unannehmbar, wohl wissend, dass hier der laizistische Jude sich zu Wort meldet, »dass die rabbinischen Gesetze zur Grundlage einer sozialen Gemeinschaft werden, dass man aus Legenden ›Geschichte‹ macht und aus dieser wiederum aktuell-politische Ansprüche ableitet.« Er selbst sieht die Rechtfertigung Israels nur in seiner humanen Sendung, wobei er zugeben musste, dass das Diaspora-Judentum zu solch humaner Sendung besser ausgerüstet sei als Israel, da es ja nicht versucht sei, Realpolitik zu betreiben. Aber beide – die Diaspora und Israel hingen voneinander ab, der aufrechte Gang jener sei nicht möglich ohne die Existenz dieser. Schwerwiegender noch war folgender Vorwurf: Als jemand, der Peinigung und Folter erleiden musste, protestierte er mit allem Nachdruck gegen die Tortur von arabischen Häftlingen in israelischen Gefängnissen. »Ich fordere jeden Juden, wenn er Mensch sein will, dringlich auf, mit mir in der radikalen Aburteilung der Tortur als System übereinzustimmen. Wo die Barbarei beginnt, dort muss selbst die Existenz endigen.«

Es ist anzunehmen, dass die Entwicklungen der letzten 50 Jahre, man denke nur an Israels rückhaltlose Siedlungspolitik, an Netanjahus Freundschaften mit dem Antisemiten Viktor Orbán und dem Aggressor Wladimir Putin, Améry in die allergrößte Unruhe versetzt hätten. Wahrscheinlich wäre er gar in lähmende Ratlosigkeit verfallen, ohne seine Union der Verzweiflung mit Israel – seine existentielle Bindung – zu lösen.

Der Beifall in der Bundesrepublik kam von der falschen Seite, die bürgerliche Mitte applaudierte, die sozialistische Linke aber, der seine ganze Leidenschaft galt, ignorierte ihn. Die *Unmeisterliche(n) Wanderjahre* (1971) geben Auskunft: Zum einen dokumentieren sie Amérys Abwehr gegen die verquere Rezeption von Adornos Theorie als körperloses, keimfreies Denken, der sich die studentische Linke kritiklos hingab, zum anderen seinen Widerwillen gegen die Abstraktionen der französischen Strukturalisten, in denen der Mensch als Subjekt verschwindet. Aber Améry suchte nicht mehr die Konfrontation, er zog sich ganz auf sich und seine Einsamkeit zurück; das Streitgespräch weicht dem Selbstgespräch. Er begräbt seine Träume: den Traum, die deutsche Linke nach seinen Vorstellungen »zu erziehen«. 1978 vollzog er den Freitod, den er schon Jahre vorher minutiös geplant hatte. Aus seiner »Selbstanzeige im Zweifel« aus dem Jahr 1977 spricht schon die nackte Existenzangst: »Ich bin ein Mensch mit 65 Jahren, [...] ratloser denn als zwanzigjähriger Jüngling. [...] Alle Koordinatensysteme zerbrechen und mit ihm ein Ich, das längst gelernt hat, sich zu misstrauen.«

Jean Améry, der 1965 noch voller Hoffnung in den *Ressentiments* eine Klage angestimmt hatte über seine Verlassenheit, aus der man ihn erlösen könne, musste am 16. Oktober 1978 feststellen, dass die Erlösung nur von ihm selber kommen konnte. Als die Nachricht über seinen Freitod in Salzburg die Medien erreichte, war die Bestürzung groß. So klafften seine Selbstwahrnehmung und die Wahrnehmung seiner Rolle in der deutschen Öffentlichkeit auseinander. Denn seine Überlegungen zu Antisemitismus und Antizionismus machen ihn heute zu einem »Klassiker der Zukunft«, zu dem ihn Jürg Altwegg in einer Würdigung zu seinem 100. Geburtstag schon ernannte. Ein Klassiker der Zukunft wird dieser Meisterdenker des 20. Jahrhunderts bleiben.

MEIN JUDENTUM

(1978)

Zu meinen Erinnerungen, die sich nicht auslöschen lassen, gehören die christlichen Feste, namentlich die weihnachtliche Mitternachtsmette. Auch kann ich, wenn ich mir nur einige Mühe gebe, immer noch das katholische Glaubensbekenntnis auswendig hersagen. Wie soll, wie darf ich unter solchen Umständen von »meinem Judentum« sprechen? Es bestand ja nicht. Ich war neunzehn Jahre alt, als ich in der Geburtsstadt Wien, gleichsam verschlagen und exiliert aus der oberösterreichischen Provinz, von der Existenz einer jiddischen Sprache erfuhr. Hinwiederum gab die Schwester meiner Mutter, Kriegerwitwe gleich ihr, die mit uns lebte, mir häufig die beruhigende Versicherung, sie werde für mich zum Hl. Antonius beten, ihrem Lieblingsheiligen, der, wie sie versicherte, stets in äußersten Notlagen Hilfe bringe. Was hat sich ereignen müssen, dass ich heute nicht nur hier wage, über »mein Judentum« zu sprechen, sondern bei jeder sich bietenden Gelegenheit sage: Ich *bin* Jude?

Mein Vater war ein in Hohenems, Vorarlberg, geborener Volljude. Ich habe ihn nicht gekannt, denn ich wurde 1912 geboren, und 1914 rückte er als Tiroler Kaiserjäger in die Armee der Österreichisch-Ungarischen Monarchie ein. 1916 kam er im Kriege um. Versuche ich, sein Judentum zu rekonstruieren, so komme ich zu keinem deutlichen Ergebnis. Es scheint, er habe sich kaum gekümmert um die Religionsgemeinschaft, der er offiziell angehörte. Sein eigener Vater, mein Großvater also, war ja seinerseits in sehr hohem Grade bereits den jüdischen Ursprüngen entfremdet.

Schwieriger war der Fall der Mutter: Sie war Christin, aber nicht »rein arisch«, wie ich später erfuhr. Sie beschwor mehrmals am Tage Jesus, Maria und Joseph, was sich im heimatlichen Dialekt wie »Jessasmarandjosef« anhörte. In die Kirche ging sie selten, nur eben an hohen Feiertagen. Das Gebet, das sie mich lehrte, war kurz: »Lieber Gott, mach mich fromm, dass ich in den Himmel komm.« Ich murmelte das vielleicht bis zu meinem neunten Lebensjahr abends mechanisch vor mich hin, dann ließ ich es bleiben, wurde also nicht fromm, und die Himmel werden mir verschlossen bleiben. Dann und wann gebrauchte Mutter ein jüdisches Wort, das einzige, das ich aus ihrem Munde hörte: nebbich. Sowohl für Jessasmarandjosef wie für nebbich waren bei uns stets gute Gründe vorhanden: Wir waren proletarisierte Mittelstandsleute, nebbich, und weder Jesus noch Maria noch Josef wollten sich unser erbarmen. Von Juden wurde nicht gesprochen, wiewohl mir alles, was meine Abstammung betraf, bekannt war. Man unterschlug mir nichts, nur war das Jüdische kein Thema.

Nach unserem Umzug aus der oberösterreichischen Provinz nach Wien, wo der Antisemitismus ein Faktum und das Hakenkreuz eine Drohung war, begann für mich der Lernprozess. Ich las, was ich nur auftreiben konnte: von Langbehn über Moeller van den Bruck zu Hans Blüher, Houston Stewart Chamberlain, zu, Gott sei's geklagt, sogar dem die Zinsknechtschaft brechenden Gottfried Feder, Rosenbergs »Mythus des XX. Jahrhunderts« und auch Hitlers »Mein Kampf«. Ich absorbierte all diese Widrigkeiten in einer äußerst zwiespältigen Verfassung: Einerseits begann mir langsam klar zu werden, dass diese Leute geistig alle Vorbereitungen getroffen hatten, mich und meinesgleichen ins Verderben zu stürzen (las also mit Hass und feindseliger Erregung!), andererseits wollte ich noch um jeden Preis »objektiv« bleiben, unterdrückte den brennenden Zorn und erlegte mir eine intellektuelle Kühle auf, von der ich längst weiß, dass sie nichts war als ein Element psychischer Verdrängung. Es war eine ganz unmögliche éducation sentimentale für einen jungen Juden ...

Juden? Nun ja doch: langsamerhand begann ich zu begreifen, dass ich selber als *Jude* mein Thema war, wenngleich ich, wie es Zufall und Milieu wollten, nur wenig Umgang mit »echten«, ihrer Probleme voll bewussten und politisch wachen Juden hatte. Habe ich ihre Gesellschaft vermieden? Ich muss gestehen, dass ich es nicht mehr weiß. Es liegt das alles in tiefen Lebensfernen, und ich kann nicht mehr festhalten, was da in meinem gesellschaftlichen Verhalten halbbewusste Wahl war, was Schickung. Ich war, ein Neunzehnjähriger, so glaube ich heute, meiner gesamten seelischen Struktur nach geprägt, noch immer, durch die dumpfe Provinz.

Im Sommer 1932 – schon war in Deutschland Papen am Ruder, und schon drohte bei uns in Österreich der Kleriko-Faschismus – trat ein lebensentscheidendes Ereignis ein, das schwerer wog als alle gute und schlechte Lektüre, all meine Hilflosigkeit und Provinzialität: Ich verliebte mich in das Mädchen, das später meine erste Frau werden sollte. Es hatte die schneeweiße, leicht sommersprossige Haut der echt Rothaarigen, ein winziges Stupsnäschen und einen sehr schönen großen Mund mit makellosen Zähnen. Die Achtzehnjährige stammte aus Graz und sprach einen Dialekt, der meinem ureigenen sehr nahe war. Sie trug österreichische Trachtenkleider, sogenannte »Dirndl«, die ihr wundersam gut anstanden. Als sich herausstellte, sie sei Voll- und Glaubensjüdin, ja dass ihre steirische Herkunft eine nicht fleckenlose und ihr Vater ein eingewanderter Ostjude war, brach für mich eine Welt zusammen. »Das ist ein polnisches Judenmädchen«, sagte Mutter, die ohnehin jede Frau, mit der ich gerade zu tun hatte, als eklen Störenfried betrachtete. – Ich ließ nicht ab von der Weißhäutigen trotz mütterlichen Einspruchs, aber ich ignorierte ihre Abkunft. Durchaus wollte ich ein Antinazi sein, das wohl, aber einer aus freiem Willen: das jüdische Schicksal auf mich zu nehmen war ich noch nicht bereit. Warum? Nun, es ist klar, ich hatte mir durch die Lektüre so vieler nationalsozialistischer Schriften, wie Sartre das später in seinen uneinholbaren »Réflexions sur la question juive« dargelegt hat, das Eigenbild vom Gegner aufprägen lassen und hatte es totaliter interiorisiert. Ich wollte ein Feind der Nazis sein und mengte mich frisch-fröhlich in Schlägereien, die damals ständig auf der Wiener Universität stattfanden. Aber es sollte aus freigewähltem Entschluss geschehen, nicht des »Blutes« oder der »Rasse« wegen. So kam es, dass ich, während ich zur gleichen Zeit mich bereits abwandte von Carossa und lieber Feuchtwanger las, meine Mimikry, die ja im Grunde keine war, da es mir doch tatsächlich nicht gebrach an blöder Bodenständigkeit, zur Meisterschaft entwickelte. Das Haar war blond; die Augen blau, und sehr erfolgreich gab ich ihnen ein dräuendes Blitzen. Die durchaus jüdische Nase, direkt vom Großvater ererbt, hatte noch nicht jene eindeutige Härte, die sie später glücklicherweise bekam und mich *zeichnete*. In Wahrheit befand ich mich in einer psychisch völlig unmöglichen Situation: Ich war ein christlich erzogener Österreicher – und war es doch nicht. Nicht mehr. Die Mehrheit, überwältigende, nicht nur des deutschen, sondern auch meines eigenen österreichischen Volkes hatte mich ausgestoßen aus der Gemeinschaft. Dies hätte ich damals schon akzeptieren müssen, sofern ich nur bereit gewesen wäre, mir die *Wahrheit* zu sagen. Nur freilich: Was war das, die Wahrheit? Lag sie verborgen im Jessasmarandjosef der Mutter, in den Erinnerungen an Mitternachtsmette und Hochamt, in meinem Dialekt, in Großvaters vorarlbergischem Stammbaum oder in der jüdischen Nase? Wenn ich es in diesen Tagen nachzudenken versuche, muss ich mich schon für die weitabgelegene Vergangenheit, diese revidierend, zur Nase bekennen. Und dies in einem sehr präzisen Sinne. Ich weiß, das Wort Rasse ist verpönt. Aber nur ein Narr kann leugnen, dass es Menschenrassen gibt und diese sich nicht nur in physischen Eigenschaften manifestieren (dunkle, helle, rötliche Hautfarbe etc.), sondern auch in psychischen und intellektuellen. Ich habe keine Beweise dafür, bin mir auch bewuss, dass moderne Biologen diese meine Meinung kaum würden anerkennen wollen. Aber wiegen nicht am Ende Erfahrungen eines langen Lebens schwerer als ein paar umstrittene und morgen vielleicht zu total veränderten Hypothesen führende Laboratoriumsarbeiten? Ich bin mir sicher, und keine vorläufige anthropologische Behauptung wird diese Gewissheit ins Wanken bringen, dass mein Intellekt und meine seelische Befindlichkeit jüdisch sind, und nicht nur im Sinne einer Erziehung oder eines Milieus, die beide in meinem Falle nun eben so unjüdisch waren wie möglich, sondern von Geburt her – und nun mag, wer da will, mich einen üblen »Rassisten« nennen!

Aber ich habe weit vorgegriffen in der Chronologie. Unbedingt muss ja ein für mich cruciales Datum erwähnt werden: 1935. Das Nürnberger Reichsbürgergesetz, über das ich in einem Wiener Café las und dessen Text ich damals bald auswendig wusste, hat mir endlich mit voller Deutlichkeit klargemacht, dass ich für die Nazis – und nicht eben nur für die enragiertesten unter ihnen, vielmehr für die Mehrheit aller Deutschen und Österreicher – ein Jude war bzw., wie es hieß: »als Jude galt«. Einmal versuchte ich es auch mit der Geschichte der Juden von Graetz, aber sie langweilte mich. Dabei ist es bis heute geblieben, auch das muss einbekannt werden. Meine Kenntnis biblischer Vorgänge beschränkt sich auf die Josephs-Tetralogie Thomas Manns. Ich habe das Geschichtsbild des Durchschnitts-Europäers, der sich »gebildet« nennt, dabei aber, wie Robert Musil das einmal so köstlich von sich gesagt hat, nur »vielseitig ungebildet ist«. Das heißt, es gibt in diesem Bilde riesige Leerstellen, die ich niemals so recht aufzufüllen mich bemühte. Zu ihnen gehört die Historie des auserwählten Volkes. Ein einziges Mal in meinem Leben, und zwar im eiskalten Winter 1940–41, wohnte ich in der französischen Internierung zu Gurs in den Pyrenäen einer orthodox-jüdischen Chanukkah-Feier bei. Ich kam mir angesichts des ergreifenden leidvollen Schreiens, zu dem der Singsang der Betenden sich steigerte, vor, als sei ich in eine andere und durchaus unheimliche Welt verschlagen worden. – Neben mir stand der Philosoph Georg Grelling. Wir blickten einander sprachlos und leider auch etwas beschämt an. Der feine Herr aus Berlin räusperte sich und sagte verlegen: Es ist wie im Museum für Völkerkunde. Sofern ich mich als Atheist überhaupt mit dem Phänomen der Religion auseinandersetzte (wobei »auseinandersetzen« eigentlich schon ein zu hoch gegriffenes Wort ist), war es das Christentum, das mein Interesse erweckte. Es ist dies ja auch so unverständlich nicht, denn »Christ« sein bedeutet nicht nur an Gott und seinen Sohn glauben. Christlich-kritisch sein meint nicht ausschließlich die theologische Problematik sich erhellen: Es ist *Partizipation* an unserer Kultur. Die ecclesia war mir immer präsent: Die Synagoge war das andere. Darum kann ich auch nicht eigentlich von meinem »Judentum« sprechen. Ich proponiere einen anderen Begriff, der schwerer wiegt meiner festen Überzeugung nach und für den ich mich nun allerdings unabdingbar und konzessionslos als zuständig erkläre: *»Judesein«*.

Womit ich wieder in sauberer Chronologie anschließen darf an das weiter oben Vorgebrachte. 1935 vernahm und interiorisierte ich für immer die Nürnberger Gesetze. Mein *Judesein* wurde mir klar. Was es in diesem Moment für mich bedeutete, hat sich durch die späteren Erfahrungen zwar graduell schreckhaft intensiviert, qualitativ aber nicht eigentlich verändert. Die Gesellschaft wollte mich als Juden, ich hatte den Urteilsspruch anzunehmen; ein Rückzug in die Subjektivität, aus der heraus ich hätte vielleicht sagen können, ich »fühlte« mich nicht als Jude, wäre belangloses, privates Spiel gewesen. Ein Jahrzehnt danach erst las ich in Sartres »Réflexions sur la question juive«, dass Jude einer sei, den die anderen als einen Juden ansehen. Dies war präzise mein Fall.

Als der Donnerschlag kam, der 11. März 1938, da mein Land jauchzend sich dem Führer des großdeutschen Reiches an den Hals warf wie eine zur läufigen Hündin werdende Frau, die es nicht erwarten kann, war ich gerüstet. Eine Klippe galt es freilich noch zu umschiffen: die Mutter. Die hatte insgeheim alles gut vorbereitet. Ihr erster Verlobter, ein makellos arischer Herr, war bereit, zu schwören, ich sei in Wahrheit *sein* Kind, nicht das meines volljüdischen Vaters. Und ein am Sippeamt in wichtiger Position stehender Freund der Familie werde die Sache in Ordnung bringen. Von meiner Seite aus hätte ich nur eine Bagatelle in aller Eile zu bereinigen: mich von meinem jüdischen Mädchen, das inzwischen vor dem Gesetz meine Frau geworden war, zu trennen. Noch heute frage ich mich und finde keine Antwort, ob ich nicht damals vielleicht auf Mutters Vorschlag würde eingegangen sein, wäre ich weniger leidenschaftlich dieser dialektsprechenden Jüdin, die als Modell für die Fremdenverkehrswerbung der »Ostmark« beste Figur gemacht hätte, angehangen. Ich wäre gestimmt, stolz zu sein und zu sagen: Gewiss, und: Ich würde mein Land verlassen haben auch ohne Zwang, ein Emigrant aus Gesinnungsgründen. Wie schlecht vertragen sich doch Stolz und Ehrlichkeit! Diese verbietet mir jenen, und ich kann nur sagen: Ich weiß nicht, wie es gekommen wäre, wenn ... Noch kannte ich nicht den nach dem Kriege geläufig gewordenen Begriff der »Authentizität«. Aber dunkel verspürte ich vielleicht doch, dass der Mensch in einer totalen, seine ganze Person umgreifenden Lebenslüge nicht zu existieren vermag. Ich konstituierte mich als Jude. Allerdings gab es immer noch Hürden, die ich nicht zu nehmen verstand. So zum Beispiel wollte ich um keinen Preis, dass man mir in meine Papiere den obligatorischen Vornamen »Israel« einschreibe. Ich holte mir keinen Pass, weil man mir in diesen das rote »J« hineingestempelt hätte.

In Antwerpen, der ersten Fluchtstation, war es das »Joodse Komiteit«, das uns betreute. Der niemals unter Juden gelebt hatte, war nun ganz ausschließlich von Juden umgeben, die alle nichts anderes im Kopf hatten –

die Gesellschaft sorgte dafür! – als ihr Judesein. Da war nun, wie man damals im Zeitjargon gesagt hatte, die »Schicksalsgemeinschaft«. Da war die »Volksgemeinschaft«. Sie bewährte sich, denn die reiche Antwerpener Judengemeinde sorgte für uns wie für ihre Kinder. Was mich angeht, so war es ebenso hässlich wie dumm, wenn ich auf die Gemeinschaft, die mich umspülte, mehr als einmal mit äußerster Irritation reagierte. Die jiddische Sprache, mit der ich allerorten angeredet wurde, war mir eine unsägliche Peinlichkeit. Ich hatte zwar mein Judesein angenommen als ein *Prinzip;* in der täglichen Praxis aber versagte ich. Undeutlich verspürte ich, dass ich noch durch ganz andere, härtere Schulen zu gehen haben würde, um wirklich zu sein, was ich war: ein Jude. Die Lehr- und Zuchtmeister waren schon unterwegs.

Am 10. Mai 1940 wurde ich als »deutscher Staatsbürger« beim deutschen Generalangriff über die Westgrenze als feindlicher Ausländer verhaftet. Man schaffte uns tief nach Südfrankreich. Vergebens versuchten wir Emigranten, den belgischen und französischen Wachmannschaften klarzumachen, dass wir nicht Feinde der Alliierten seien. Nicht Deutsche seien wir, sondern Juden. Die Leute begriffen nichts. Juden? Was denn das heiße. Das Jüdische sei eine Religion. Auch Léon Blum sei Jude. Wir hätten nichts zu tun mit Blum: Wir seien »des boches«. Als aber Frankreich in sechs Wochen geschlagen war, schienen sich die Köpfe der Franzosen jählings auf märchenhafte Weise erhellt zu haben. Die »boches«, die echten Deutschen also, betreut von den Waffenstillstands-Kommissionen Hitlers, wurden befreit und von den Franzosen als die Sieger höchst widerlich servil bewundert. Wir anderen, die Flüchtlinge, die man im Reich nicht haben wollte, wurden flugs aus feindlichen zu lästigen Ausländern und vor allem: zu Juden, nunmehr im Vollsinne deutscher rassistischer Vorstellung. »Sale juif« löste das Schimpfwort »sale boche« ab. Es musste doch, so schien mir – und nicht mir allein – der Widerwille gegen die Juden in viel tieferen Wesensschichten der Franzosen gelagert haben als der oberflächliche »Antibochisme«. Das von der Gesellschaft über mich verhängte Judesein war, ich konnte es täglich stärker verspüren, kein deutsches Phänomen. Es waren nicht die Nazis allein, die mich zum Juden gemacht hatten. Die Welt wollte mich als einen solchen, und ich war bereit zu tun, was später Sartre »assumer«, frei und unzulänglich übersetzt, das »Auf-sich-Nehmen« genannt hat. Ich zwang mir das Gefühl der Solidarität mit *jedem* Juden ab. Schon waren wir ins Ghetto gesperrt, und es war wie jenes, in das die Welt heute den Zwergstaat Israel eingeschlossen hat.

Bald wechselten die Lehrer: Die harmlos brutalen Gardes Mobiles, die uns im Internierten-Lager Gurs gekränkt hatten, verschwanden, nachdem ich aus dem Lager ausgebrochen war, halb Frankreich zu Fuß durchwandert und im deutsch besetzten Belgien mich wiedergefunden hatte, der Frau-Geliebten wegen. An ihre Stelle war der Meister aus Deutschland getreten. Die Résistance, der ich mich anschloss an allerbescheidenster Stelle und ganz ohne heroische seelische Gestik, wurde, bedenke ich es heute, vielleicht auch nur zu einem unbewusst vollzogenen letzten Versuch, dem Judesein, das ich intellektuell längst auf mich genommen hatte, mich zu entziehen. Die Juden wurden gejagt, gestellt, verhaftet, deportiert, *weil sie Juden waren,* und nur darum. Ich wollte, so will es mir rückblickend erscheinen, nicht als Jude festgehalten werden vom Feind, sondern als Widerständler. Letztes, absurdes Unternehmen, einem Kollektivgeschick zu entlaufen. So verteilte ich wirkungslose Flugblätter unter Lebensgefahr, aber im falsch-stolzen Bewusstsein, ich sei ein »Kämpfer« und gehörte nicht zu jenen, die sich blökend wie die Schafe zur Schlachtbank führen ließen. –

Die Realität jedoch holte mich nach meiner Verhaftung alsogleich ein. Ich war den Bütteln hochinteressant, solange sie meinten, ich sei ein deutscher Deserteur, Soldat, vielleicht sogar Offizier. Sie warfen mich auf den Misthaufen, als sie meiner Identität gewahr wurden. »Zersetzung der Wehrkraft« stand auf meinem Akt, und solange die Kerle meinten, ich sei ein Abtrünniger, unterzogen sie mich hochnotpeinlichen Befragungen. Als sie über meine Person ins klare kamen, war ich bereits ohne Belang für sie. Es kam zu keinem Prozess. Ich wurde dem generellen Todesurteil unterworfen, das hieß *Auschwitz*. Was ist da noch nachzutragen zu dem, was ich in meinem Buch »Jenseits von Schuld und Sühne« bereits niedergelegt habe? Nur dies vielleicht: dass mein Judesein in Auschwitz für mich jene endgültige Gestalt annahm, die es bis heute behielt. Zwar war ich als Résistant verhaftet worden, aber in Auschwitz trug ich den gelben Stern und war ein Jude wie alle jene, die niemals gewagt hatten, auch nur aufzumucken, geschweige denn staatsgefährliche Flugblätter zu verbreiten. Im Höllenkreis wurden nun die Unterschiede erst so recht spürbar und brannten sich uns in die Haut wie die tätowierten Nummern, mit denen man uns zeichnete. Alle »arischen« Häftlinge befanden sich im Abgrund noch auf einer nur nach Lichtjahren zu messenden Höhe *über* uns, den Juden. Sie prügelten uns, wenn es ihnen gefiel – besonders die Polen taten sich hierin auf unvergessliche, unverschweigbare Weise hervor. Sie hatten alle des Führers Wertvorstellung verinnert, weil die Tradition sie hierfür konditioniert hatte. Sie waren vielleicht bestimmt, Sklaven des Herrenvolkes zu sein; wir waren dem Tode zugesprochen. Es kam dahin, dass wir Juden uns prügeln ließen ohne Widerstand. Ein einziges Mal schlug ich zurück im fehlgehenden Glauben, ich könne solcherart meine Menschenwürde wiedergewinnen. Dann sah ich ein, es habe keinen Sinn. Der

Jude war das Opfertier. Er hatte den Kelch zu trinken – bis zum allerbittersten Ende. Ich trank. Und dies wurde mein Judesein. Das Juden*tum* war eine andere Sache. Mit ihm hatte ich nichts zu tun. Ich lernte das Jiddische verstehen, aber machte keine Anstrengung, es zu sprechen. Dann und wann geschah es, dass Ostjuden sich zusammenfanden und jiddische Lieder sangen, deren Texte ich halbwegs verstand. Es ergriff mich sehr, als einmal ein paar von ihnen einstimmten in einen zionistischen Song mit dem Kehrreim: »Iach fuhr a-haim, iach fuhr aheim.« »Aheim«, das war für sie das Heilige Land. Heim, Heimat, das waren fürderhin für mich sinnlose Worte. Ich war nirgendwo daheim. Ich war ein Jude und wollte, sollte es bleiben. Als ich, 1945 nach Belgien wiedergekehrt, mich mehr und mehr für französische Kultur interessierte, mich in die Stadt Paris verliebte, als Jean-Paul Sartre so etwas wie meine »Vaterfigur« wurde, glaubte ich gleichwohl nicht mehr an die Assimilation. Wie wäre denn dies auch noch möglich gewesen? Ich war einstens nicht »assimiliert«, vielmehr ein Vollösterreicher gewesen wie irgendeiner. Und dennoch hatte das jüdische Geschick mich eingeholt. Wie hätte ich jetzt, auferstanden, aber ausgesetzter denn je, mir einbilden können, es bestünde auch nur der geringste Hoffnungsschimmer, Franzose zu werden? Es lag nicht an der Sprache. Es waren die zerstörten, längst verfaulten, aber immer noch negativ existierenden, meine Vergangenheit bildenden und zugleich nicht mehr gültigen Erinnerungen an Kindheit und Jugend, die es mir unmöglich machten, mir eine neue Gegenwart zu erfinden. Das immerwährende Exil, das ich wählte, war die einzige Authentizität, die ich mir erringen konnte – das Judesein verlegte mir alle anderen Auswege.

Ein Juden*tum* freilich im Sinne historischer Tradition und positiver existentieller Lebensbasis habe ich mir nicht erworben. Das einzige, was mich positiv mit der Mehrzahl aller Juden der Welt verbindet, ist eine Solidarität, die ich mir längst nicht mehr als Pflicht gebieten muss, und namentlich die mit dem Staat Israel. Nicht, dass ich in diesem Lande würde wohnen wollen. Es ist mir zu heiß, zu laut, zu fremd in jeder Hinsicht. Auch nicht, dass ich gutheiße, was immer man dort treibt. Ich verabscheue die theokratischen Tendenzen, den religiös getönten Nationalismus. Auch habe ich das Land nur ein einziges Mal zu kurzem Besuch gesehen und werde vielleicht nie wieder dahin kommen. Aber ich bin den Menschen dieser heillosen Erde, die allein sind, verlassen von aller Welt, unablösbar verbunden, auch wenn ich ihre Sprache nicht spreche und ihre Lebensformen niemals die meinen würden sein können. Für mich ist Israel keine Verheißung, kein biblisch legitimierter Territorialanspruch, kein Heiliges Land, nur Sammelplatz von Überlebenden, ein Staatsgebilde, wo jeder einzelne Einwohner noch immer und auf lange Zeit hin um seine physische Existenz bangen muss. Mit Israel solidarisch sein heißt für mich, den toten Kameraden die Treue bewahren.

Stets von Neuem mache ich den Versuch, mich zu distanzieren. Er gelingt allerwegen nur teilweise. Ich bin ein wacher Kritiker israelischer Politik, zögere nicht, mir Wohlwollen zu verscherzen, Freundschaften zu gefährden, wenn ich öffentlich die augenblicklich im Amte befindliche israelische Regierung als eine irrationalistisch-chauvinistisch inspirierte mit Schärfe ablehne. Ich sage laut, dass mir der Mann Begin und alles, wofür er steht, entgegen ist. Wo es aber dann jählings ans Herz der Dinge geht und ich Gefahr wittere für das verzweifelt um sich schlagende Ländchen, ist, jenseits eines Judentums, auf das ich mich nicht berufen kann, weil ich es nicht besitze, mein Jude*sein* am Ende doch ausschlaggebend. Ich ergreife Partei. *Für* Israel – und zucke kaum die Schultern, wenn meine Freunde von der Linken mich einen Abtrünnigen nennen. Sie haben es leicht: Prinzipientreue ist ein Kinderspiel. Ich mache es mir schwer, denn die Schicksalstreue, der ich mich ergebe, ist ein unklarer Begriff, und wer sich an ihn hält, muss alle bequemen Theorien, alle Dogmen-Krücken über Bord werfen. Er steht auf schwankendem Grund. Ihm hilft kein Gott und kein Marx. Am wenigsten ein Hegel.

An nichts kann er sich, kann *ich* mich halten als an das in seiner Qualität unmitteilbare Erlebnis. Ich sehe, wenn das Land Israel, das für mich kein heiliges ist, bedroht wird, Flammen allüberall. Und ich rufe: Feuer! Ich weiß, mein Schrei verhallt ungehört. Jene, die ein Juden*tum* haben, sprechen mir das Recht ab, mich vernehmen zu lassen, worin sie konsequent sind. Die anderen, die niemals die Drohung als eine persönliche, physische erfuhren, hören sowieso nicht hin. Ich kann sie nicht verurteilen, da ich selber nicht täglich an die Armenier-Massaker durch die Türken denke. Die Leute reden über Politik und Geschichte, objektive Vorgänge. Ich bleibe fixiert, bis zum bittersten Ende, an das Erlebnis. Stünde ich im Besitz eines Judentums, ich könnte das subjektiv Erlebte hurtig zu objektiver, finalistischer Geschichtlichkeit machen. Der Weg ist mir verstellt. Vier Wände rücken zusammen, der Raum wird enger. Das Jude*sein* (das ich nicht gewählt habe) ohne ein Juden*tum* (das zu küren Abkunft und Umwelt ich mir nur um den Preis der Lebenslüge gestatten dürfte) mündet ein in eine meine Existenz begleitende, von Fachleuten wahrscheinlich als »neurotisch« zu bezeichnende, von mir als einzig mir zustehende Gemütslage alle Tage durchzulebende Melancholie.

DER EHRBARE ANTISEMITISMUS
(1969)

De Gaulle fiel. Manch einem war trüb zumut wie einem Heineschen Grenadier; mir auch, mir auch. Nur leider, dass in New York dem französischen UNO-Delegierten Armand Bérard nichts Besseres einfiel, als verzweifelt auszurufen (laut *Nouvel Observateur* vom 5. Mai): *C'est l'or juif!* Und kein Dementi. Rechter Hand, linker Hand, alles vertauscht. Der Antisemitismus schafft's und, wie es einst bei Stefan George hieß: »… er reißt in den Ring.«

Das klassische Phänomen des Antisemitismus nimmt aktuelle Gestalt an. Die alte besteht weiter, das nenn ich mir Koexistenz. Was war, das blieb und wird bleiben: der krummnasige, krummbeinige Jude, der vor irgend was – was sag ich? der vor allem davonläuft. So ist er auch zu sehen auf den Affichen und in den Pamphleten der arabischen Propaganda, an der angeblich braune Herren deutscher Muttersprache von einst, wohlkaschiert hinter arabischen Namen, mitwirken sollen. Die neuen Vorstellungen aber traten auf die Szene gleich nach dem Sechstagekrieg und setzen langsamerhand sich durch: der israelische Unterdrücker, der mit dem ehernen Tritt römischer Legionen friedliches palästinensisches Land zerstampft. Anti-Israelismus, Anti-Zionismus in reinstem Vernehmen mit dem Antisemitismus von dazumal. Der ehern tretende Unterdrücker-Legionär und der krummbeinige Davonläufer stören einander nicht. Wie sich endlich die Bilder gleichen!

Doch neu ist in der Tat die Ansiedlung des als Anti-Israelismus sich gerierenden Antisemitismus auf der Linken. Einst war das der Sozialismus der dummen Kerle. Heute steht er im Begriff, ein integrierender Bestandteil des Sozialismus schlechthin zu werden, und so macht jeder Sozialist sich selber freien Willens zum dummen Kerl.

Den Prozess kann man nutzbringend nachlesen in dem schon vor mehr als einem Jahr in Frankreich bei Pauvert erschienenen Buch *La Gauche contre Israel* von Givet. Es genügt aber auch, gewisse Wegmarken zu erkennen, beispielsweise eine in der Zeitschrift *konkret* erschienene Reportage zu lesen: »Die dritte Front«. »Ist Israel ein Polizeistaat?« heißt da ein Zwischentitel. Die Frage ist nur rhetorisch. Natürlich ist Israel das. Und Napalm und gesprengte Häuser friedlicher arabischer Bauern und Araber-Pogrome in den Straßen von Jerusalem. Man kennt sich aus. Es ist wie in Vietnam oder wie es einstens in Algerien war. Der krummbeinige Davonläufer nimmt sich ganz natürlich aus als Schrecken verbreitender Goliath.

Es ist von der Linken die Rede und keineswegs nur von den noch mehr oder minder orthodoxen kommunistischen Parteien im Westen oder gar von der Politik der Staaten des sozialistischen Lagers. Für diese gehört der Anti-Israelismus, aufgepfropft auf den traditionellen Antisemitismus der slawischen Völker, ganz einfach zur Strategie und Taktik einer so und so gegebenen politischen Konstellation. Die Sterne lügen nicht, die Gomulkas wissen, worauf sie rechnen dürfen. *C'est de bonne guerre!* Darüber ist kein Wort zu verlieren.

Schlimmer ist, dass die intellektuelle Linke, die sich frei weiß von Parteibindungen, das Bild übernimmt. Jahrelang hat man – um einmal von Deutschland zu reden – den israelischen Wehrbauern gefeiert und die feschen Mädchen in Uniform. In schlechter Währung wurden gewisse Schuldgefühle abgetragen. Das musste langweilig werden. Ein Glück, dass für einmal der Jude nicht verbrannt wurde, sondern als herrischer Sieger dastand, als Besatzer. Napalm und so weiter. Ein Aufatmen ging durchs Land. Jedermann konnte reden wie die *Deutsche National- und Soldaten-Zeitung*; wer links stand, war befähigt, noch den Jargon des Engagements routinemäßig zu exekutieren.

Fest steht: der Antisemitismus, enthalten im Anti-Israelismus oder Anti-Zionismus wie das Gewitter in der Wolke, ist wiederum ehrbar. Er kann ordinär reden, dann heißt das »Verbrecherstaat Israel«. Er kann es auf manierlichere Art machen und vom »Brückenkopf des Imperialismus« sprechen, dabei so nebstbei allenfalls in bedauerndem Tonfall hinweisen auf die missverstandene Solidarität, die so ziemlich alle Juden, von einigen löblichen Ausnahmen abgesehen, an den Zwergstaat bindet, und kann es empörend finden, dass der Pariser Baron Rothschild die Israel-Spenden der jüdischen Bevölkerung Frankreichs als eine Steuer einfordert.

Der Antisemitismus hat es leicht allerwegen. Die emotionelle Infrastruktur ist da, und das keineswegs nur in Polen oder Ungarn. Der Antisemit »demystifiziert« den Pionierstaat mit Wohlbehagen. Es fällt ihm ein, dass hinter dieser staatlichen Schöpfung immer schon der Kapitalismus stand in Form der jüdischen Plutokratie: Auf diese letztgenannte geht er nicht ausdrücklich ein, das wäre ein ideologischer *lapsus linguae,* jedoch – *c'est l'or juif!* – niemand wird sich täuschen über die tatsächliche Bestelltheit eines Landes, das aus einer schlechten Idee geboren, am schlechten Orte errichtet, einen oder mehrere schlechte Kriege geführt und Siege erfochten hat.

Missverständnisse sind nach Möglichkeit zu vermeiden. Ich weiß so gut wie irgendwer und jedermann, dass

Israel objektiv die unerfreuliche Rolle der Besatzungsmacht trägt. Alles zu justifizieren, was die diversen Regierungen Israels unternehmen, fällt mir nicht ein. Meine persönlichen Beziehungen zu diesem Land, von dem Thomas Mann in der Josephs-Tetralogie gesagt hat, es sei »ein Mittelmeer-Land, nicht gerade heimatlich, etwas staubig und steinig«, sind quasi null: Ich habe es niemals besucht, spreche seine Sprache nicht, seine Kultur ist mir auf geradezu schmähliche Weise fremd, seine Religion ist nicht die meine. Dennoch ist das Bestehen dieses Staatswesens mir wichtiger als das irgendeines anderen.

Und hiermit gelangen wir an den Punkt, wo es ein Ende hat mit jeder berichtenden oder analysierenden Objektivität und wo das Engagement keine freiwillig eingegangene Verbindlichkeit ist, sondern eine Sache der Existenz, das Wort in mancherlei Bedeutung verstanden.

Über Israel, den modischen Anti-Israelismus, den altmodischen, aber stets in jegliche Mode sich wieder einschleichenden Antisemitismus spricht existentiell subjektiv, wer irgendwie »dazugehört« (Juden, Personen, die im Sinne des Reichsbürgergesetzes vom 15. September 1935 als Juden gelten) – und erreicht am Ende vielleicht gerade darum eine Objektivität annähernd naturrechtlichen Charakters. Denn schließlich mündet noch die geistesschlichteste – genauso wie die gründlichste und gescheiteste – Überlegung in die Erkenntnis, dass dieses Pionierland, und mag es hundertmal nach einer sich pervertierenden pseudomarxistischen Theologie im Sündenstande technischer Hochentwicklung sich befinden, unter allen Staaten dieses geopolitischen Raumes das gefährdetste ist. Sieg, Sieg und nochmals Sieg: Es droht die Katastrophe, und ihr weicht man auch nicht aus, indem man direkt in sie hineinrennt und Israel zum Teilgebiet einer palästinensischen Föderation macht.

Die arabischen Staaten, denen ich Glück und Frieden wünsche, werden den israelischen Entwicklungsvorsprung einholen, irgendeinmal. Ihr demographischer Überdruck wird das übrige tun. Es geht unter allen Umständen darum, den Staat Israel zu erhalten, so lange, bis Frieden, wirtschaftlicher und technischer Vorausgang die Araber in einen allgemeinen Gemütszustand versetzen, der ihnen die Anerkennung Israels innerhalb gesicherter Grenzen gestattet.

Es geht darum. Wem? Die subjektive Verfassung, die zur geschichtlichen Objektivität werden will, hat hier ihre Dreinrede. Israels Bestand ist unerlässlich für alle Juden (Juden, Personen, die im Sinne ... und so weiter), wo immer sie wohnen mögen. »Wird man mich zwingen, Johnson hochleben zu lassen? Ich bin bereit dazu«, rief am Vorabend des Sechstagekrieges der linksradikale französische Publizist und Sartre-Schüler Claude Lanzmann. Der wusste, was er meinte und wollte. Denn jeder Jude ist der »Katastrophen-Jude«, einem katastrophalen Schicksal ausgeliefert, ob er es erfasst oder nicht. »Lauf, blasser Jude«, schreiben die Black-Panther-Männer an die Geschäfte und Häuser jüdischer Händler in Harlem und vergessen leichten Herzens die alte Allianz, die in den USA den Juden an den Neger kettete und die noch der mieseste bürgerlich-jüdische Händler nicht verriet.

Wer garantiert, dass nicht einmal eine Regierung in den Vereinigten Staaten zum großen Versöhnungsfest den Juden dem Neger zum Fraß hinwirft? Wer verbürgt den einflussreichen und zum Teil reichen Juden Frankreichs, dass nicht eines Tages das Erbe der Drumont, Maurras, Xavier Vallat zu neuer Virulenz gelangt? Wer steht ein dafür, dass nicht Herrn Strauß, an die Macht gekommen, irgendwas einfällt, worauf dann auch ein gewisser Zeitungs-Tycoon sich hüten würde, weitere schnöde Spenden einer schnöde zur Annahme bereiten israelischen Regierung zu geben? Niemand garantiert nichts. Das ist keine paranoide Phantasie und ist mehr als die menschliche Grundverfassung der Gefahr. Die Vergangenheit, die allerjüngste, brennt.

Und nun wird jeder Freund von der Linken mir sagen, auch ich reihte mich ein in die große Armee derer, die mit sechs Millionen (oder meinetwegen fünfen oder vieren) Ermordeter Meinungserpressung treiben. Das

Risiko ist einzugehen: Es ist geringer als das andere, welches die Freunde mir proponieren, wenn sie für die Selbstaufgabe des »zionistischen« Israel plädieren.

Die Forderung der praktisch-politischen Vernunft geht dahin, dass die Solidarität einer Linken, die sich nicht preisgeben will (ohne dass sie dabei das unerträgliche Schicksal der arabischen Flüchtlinge ignorieren muss), sich auf Israel zu erstrecken, ja, sich um Israel zu konzentrieren hat. Das Gebot hat für den nichtjüdischen Mann der Linken nicht die gleiche Verbindlichkeit wie für Juden, stehe dieser politisch links, mittwegs, rechts oder nirgendwo. Aus der Linken kann man austreten; das Sosein als Jude entlässt niemand, das wusste schon ein Früh-Antisemit wie Lanz-Liebenfels. Freilich hat die Linke ihre ungeschriebenen moralischen Gesetze, die sie nicht beugen darf. »Wo es Stärkere gibt, immer auf der Seite der Schwächeren«, welch unüberschreitbar wahre Trivialität! Und stärker – wer wagte Widerrede? – das sind die Araber; stärker an Zahl, stärker an Öl, stärker an Dollars, man frage doch bei der Aramco und in Kuwait nach, stärker, ganz gewiss, an Zukunftspotential.

Die Linke aber ganz offensichtlich schaut wie gebannt auf die tapferen palästinensischen Partisanen, die freilich ärmer sind als die Männer Moshe Dayans. Sie sieht nicht, dass trotz Rothschild und einem wohlhabenden amerikanisch-jüdischen Mittelstand der Jude immer noch schlechter dran ist als Frantz Fanons Kolonisierter, sieht das so wenig wie das Phänomen des anti-imperialistischen jüdischen Freiheitskampfes, der gegen England ausgefochten wurde. Am Ende ist es auch nicht die Schuld der Israelis, wenn die Sowjetunion vergaß, was 1948 vor der UNO Gromyko mit schönem Vibrato vorgetragen hat: »Was den jüdischen Staat betrifft, so ist seine Existenz bereits ein Faktum, das gefalle oder nicht (...) Die Delegation der UdSSR kann sich nicht enthalten, ihr Erstaunen über die Einstellung der arabischen Staaten in der palästinensischen Frage auszudrücken. Ganz besonders sind wir überrascht zu sehen, dass diese Staaten oder zumindest einige von ihnen sich entschlossen haben, militärische Maßnahmen zu ergreifen mit dem Ziele, die nationale Befreiungsbewegung der Juden zu vernichten. Wir können die vitalen Interessen der Völker des Nahen Ostens nicht identifizieren mit den Erklärungen gewisser arabischer Politiker und arabischer Regierungen, deren Zeugen wir jetzt sind.«

So sprach, wie schon gesagt, die Sowjetunion, eine Großmacht, die Großmachtpolitik treibt und die wohl à la longue nicht absehen konnte von dem offenbaren Faktum, dass es mehr Araber gibt als Juden, mehr arabisches Öl als jüdisches, dass militärische Stützpunkte in den arabischen Staaten einen höheren strategischen Wert haben als in Israel. Die Linke im weiteren und weitesten Sinn aber, und ganz besonders die protestierende äußerste Linke, der ich mich auf weiten Strecken verbunden weiß, hat diese Großmacht-Ausflucht nicht. Sie ist, nach dem Gesetz, nach dem sie angetreten, zur Einsicht verpflichtet; zur Einsicht in die tragische Schwäche des jüdischen Staates und jedes einzelnen Juden in der Diaspora, zur Einsicht in das, was hinter den Kulissen eines jüdischen bürgerlichen Mittelstandes, hinter dem Mythos des Geld- und Gold-Juden (von Jud Süß bis zu den kontemporären Rothschilds und ein paar jüdischen Hollywood-Größen) sich verbirgt. Die Juden manipulieren zeitweilig Kapitalien: Sie beherrschten sie niemals. Sie haben heute in Wall Street so wenig zu sagen wie einst im wilhelminischen Deutschland in der Schwerindustrie.

Der Staat Israel ist heute so wenig ein Bollwerk des Kapitalismus, wie er es war, als die ersten Pioniere dort den Boden umgruben, so wenig wie die arabischen Staaten vernünftigerweise als progressistisch angesehen werden können. Die Linke macht, das ist der Jammer, die Augen zu. Der Zufall spielte mir gerade einen Text von Hans Blüher zu: »Eine wirkliche Geschichte Europas dürfte nicht so geschrieben werden wie das bisher geschah, dass nämlich ein Jude einmal hie und da anekdotenhaft vorkommt ..., vielmehr müsste die Darstellung so sein, dass dauernd die geschichtliche Macht des Judentums als eines latenten und ständig mitspielenden Reiches sichtbar wird.« Der Text könnte wörtlich in einer der zahlreichen pseudointellektuellen arabischen Veröffentlichungen stehen, mit denen die Presse überschwemmt wird. Und von Blüher – aber auch von Streicher, denn allerwegen ebnet der Antisemitismus die intellektuellen Höhenunterschiede ein – könnte stammen, was der Unterrichtsminister des progressistischen Staates Syrien an den Generaldirektor der Unesco schrieb: »Der Hass, den wir unseren Kindern einprägen, ist ein heiliger Hass.« Es wäre das alles kaum der Aufnotierung wert, und der närrische Blüher könnte im Frieden des Vergessens schlafen, hätte nicht die intellektuelle Linke Westeuropas (einschließlich übrigens einiger vom Selbsthass verstümmelter Juden wie Maxim Rodinson) sich dieses Vokabulars bemächtigt und das vom Wortschatz vermittelte Normensystem angenommen.

Wenn aus dem geschichtlichen Verhängnis der Juden- beziehungsweise Antisemitenfrage, zu dem durchaus auch die Stiftung des nun einmal bestehenden Staates Israel gehören mag, wiederum die Idee einer jüdischen Schuld konstruiert wird, dann trägt hierfür die Verantwortung eine Linke, die sich selber vergisst. »Der Antizionismus ist ein von Grund auf reaktionäres Phänomen, das von den revolutionären progressistischen antikolonialistischen Phrasen über Israel verschleiert wird«, sagte neulich Robert Misrahi, ein französischer Philosoph, der, gleich dem vorhin zitierten Claude Lanzmann, zur weiteren Sartre-Familie gehört.

Der Augenblick einer Revision und neuen geistigen

Selbstbestreitung der Linken ist gekommen; denn sie ist es, die dem Antisemitismus eine ehrlose dialektische Ehrbarkeit zurückgibt. Die Allianz des antisemitischen Spießer-Stammtisches mit den Barrikaden ist wider die Natur, Sünde wider den Geist, um in der vom Thema erzwungenen Terminologie zu bleiben. Leute wie der polnische General Moczar können sich die Umfälschung des kruden Antisemitismus zum aktuellen Anti-Israelismus gestatten: Die Linke muss redlicher sein. Es gibt keinen ehrbaren Antisemitismus. Wie sagte Sartre vor Jahr und Tag in seinen »Überlegungen zur Judenfrage«? »Was der Antisemit wünscht und vorbereitet, ist der Tod des Juden.«

DIE LINKE UND DER »ZIONISMUS«
(1969)

Wie hässlich es sich optisch auch ausnehme, es musste ganz einfach schon im Titel das Wort Zionismus unter Anführungszeichen gesetzt werden. Die Linke nämlich – ich spreche da von der Neuen Linken, denn die alte steht dem ganzen Komplex ziemlich ratlos gegenüber – diese Linke hat es verstanden, den Begriff Zionismus zu ent-definieren, wenn dieser Ausdruck erlaubt ist. Wer ist für die Neue Linke ein »Zionist«? Selbstverständlich fast alle Einwohner des Staates Israel, mit Ausnahme winziger Sekten, die, in diesem Staate und durch ihn lebend, das staatliche Gebilde Israel bekämpfen, sei es um der Vision einer »semitischen Region« willen, wie Uri Avnery, sei es im Sinne eines weltrevolutionären Traumes. Zionisten, darüber hinaus, sind aber für die Neue Linke auch alle Diaspora-Juden, denen das Fortbestehen des israelischen Staates am Herzen liegt (und ich kenne persönlich keinen, der nicht mit diesem Lande sympathisierte) also: der Baron Guy de Rothschild ebenso wie irgendein obskurer Funktionär einer jüdischen Gemeinde oder ein KZ-Überlebender, oder auch ein Sowjet-Jude, der nach Israel auswandern würde, wenn man ihn nur ließe. Sagt's alles nur in allem: Unter Zionismus versteht die Linke ungefähr das, was man so vor rund dreißig Jahren in Deutschland das »Weltjudentum« genannt hat. Gegen diesen Zionismus, den man auch »National-Zionismus« nennt, um ihn schon phonetisch dem Nationalsozialismus anzunähern, erhebt sich linker Purismus, linker Eifer, linke Tugend (im Sinne Robespierres). Die Linke sieht Israel als den Aggressor und Oppressor, als den Waffenträger westlicher, beziehungsweise amerikanischer imperialistischer Unterdrückung. Sie sieht die israelische Armee als eine »Armee, die einen Staat« hat, wie man das einst von der preußischen gesagt hat. Ihr Israel-Bild ist gekennzeichnet durch die hässlichen Züge militaristischer, so nicht faschistischer Gewalttätigkeit. Und ihre Sympathien wenden sich selbstverständlich den verschiedenen arabischen Freikorps zu, vor allem dem El Fatah, der für sie, die Linke, das zugleich eherne und verklärte Antlitz des Widerstandskämpfers trägt.

Wie, so fragt man sich, konnte es dahin kommen? Was hat geschehen müssen, dass die Linke der Welt (nochmals: unter »Linke« wird hier immer die neue verstanden) einstimmt in einen Hassgesang gegen Israel, der, des bin ich gewiss, wenn die Dinge weiter ihren Lauf nehmen, schließlich dem schlechten unrechten Antisemitismus dienen muss? Wie ist es geschehen, dass marxistisch-dialektisches Denken sich dazu hergibt, den Genozid von morgen vorzubereiten?

Zu viele Fragen. Die Antworten können nur ungefähr und approximativ ausfallen. Zunächst einmal ist zu verweisen auf einen Tatbestand, der noch nicht hinlänglich erörtert wurde, da er doch etwas enthält, das für unsere linken Diskussionspartner als Begriff tabu ist: das Generationenproblem. Die Neue Linke, das dürfen wir alten Linken nicht vergessen, ist nicht nur neu im theoretischen Felde, sie ist auch *jung*. Für die Träger neulinken Verhaltens, die heute etwa zwischen achtzehn und achtundzwanzig sind, ist die Nazi-Katastrophe tiefe Geschichte, verliert sich in einem verdämmernden historischen Raum, liegt ihr kaum näher als die Französische Revolution. Damit ist beileibe nicht gemeint, dass die Junglinken vom Nazismus nichts verstünden (sie verstehen ja schließlich auch historisch die Französische Revolution). Sie haben in ihrem Kampfe gegen die NPD deutlich und aufs Dankenswerteste gezeigt, dass sie bereit sind, den Kopf hinzuhalten, wo die faschistische Gefahr sich erhebt. Dennoch entgehen ihnen eine Anzahl spezifischer Phänomene gerade des deutschen Nationalsozialismus, der keineswegs im Begriff Faschismus aufgeht. So haben sie vor allem von dem Schlagwetter, das zwischen 1939 und 1945 auf die Juden niederging, nur mittelbare Kenntnis. Sie waren nicht dabei, als man den Nachbarn, Herrn Schlesinger, samt seiner Familie aus seiner Wohnung holte und ihn irgendwohin verbrachte, wo's nicht schön ist. Sie haben nicht den ersten von den alliierten Besatzungstruppen veranstalteten Filmvorführungen über die »German Atrocities« beigewohnt. Sie traten in eine Welt, die für sie eine tabula rasa war, und sie haben ein sehr gutes Gewissen. So können sie denn den »Nazi-Faschismus« verstehen, indem sie ihn missverstehen: zwischen ihm und ihnen liegt ein stoßdämpfender geschichtlicher Raum, ein Raum voll von verfälschenden Bilderbogen übrigens, auf denen dann tatsächlich der General Dayan sich ausnehmen kann wie der Marschall Kesselring.

Um das Phänomen Israel zu verstehen, muss man aber auch vollumfänglich die jüdische Katastrophe begreifen. In Israel ist, metaphorisch gesprochen, jedermann Sohn, Enkel, eines Vergasten; in Deutschland und im übrigen Europa kann man es sich leisten, überhaupt nicht »Sohn«, nicht »Enkel« zu sein. Jede Stunde ist für die Neulinke die Stunde Null, jeder Tag ist ein Neubeginnen. In Israel aber – und nicht nur dort, vielmehr allüberall in der Welt – können die Juden, wie Hofmannsthal es gesagt hat, »ganz vergessener Völker Müdigkeiten nicht abtun von ihren Lidern«. Jeder Jude befindet sich, und noch für lange Zeit, auf einem jener Todesmärsche, die im Frühling 1945 evakuierte jüdische KZ-Häftlinge zurücklegten. Die Neue Linke begreift nicht, dass Israel immer noch und wohl einige Dezennien Zukunft lang nur vor dem finsteren Hintergrund der Katastrophe gesehen werden kann. Israel ist – aber wie soll man jungen Menschen das deutlich machen? – kein Land wie irgendein anderes: Es ist die Zufluchtsstätte, wo Überlebende und Verfolgte nach langer Wanderschaft sich in tiefer Erschöpfung niederließen.

Nun ja, höre ich den Einwand, aber was geht das die Palästina-Araber an, die ihrerseits von Haus und Hof vertrieben wurden, wiewohl doch keineswegs sie es waren, die die Juden millionenweise umbrachten? Die Frage, die zum Argument wird, ist nun in der Tat schwer zu beantworten. Soll man einwenden, dass die arabischen Flüchtlinge bei einigem guten Willen der arabischen Staaten in diesen Aufnahme hätten finden können, während vor den unter Hitler verfolgten und mit Mord bedrohten Juden alle Türen zufielen? Die Antwort ist schwach, schlägt nicht, ich weiß. Man kann nur, vorbehaltlich der Überlegung, dass vielleicht wirklich Palästina nicht der recht gewählte Ort für eine jüdische Staatsgründung war, dies vorbringen: Der Staat Israel besteht; sein Bestand wurde nicht mit mehr und nicht mit weniger völkerrechtlicher Legitimation geschaffen als irgendein anderer; man kann die Menschen, die heute diesen

Staat bewohnen, nicht Gegnern ausliefern, die zweifellos und was immer die arabische Auslandspropaganda auch vorbringe, ganz kurzen Prozess mit ihnen machen würden. –

Damit aber sind wir angelangt bei der Tragödie der israelischen Aggressionen. Sie abzuleugnen ist barer Unsinn. Ja: Israel hat angegriffen sowohl im Suez-Feldzug als auch im Sechstagekrieg. Israel spielt heute im Gaza-Streifen, in Cis-Jordanien, auf der Sinai-Halbinsel die Rolle des Besatzers mit allen Implikationen dieses Begriffs. Dass ein Besatzer, *jeder* Besatzer, zugleich auch Oppressor ist, muss nicht erst diskutiert werden. Zwar geht Israel, nach einhelligen Zeugenschaften so ungefähr der gesamten Weltpresse, vergleichsweise human vor in den von ihm besetzten Gebieten, es kann sich aber dem Mechanismus von Gewalt und Gegengewalt nicht entziehen. Arabische Freischärler werfen Bomben, israelische Soldaten und Polizisten verhaften, dynamitieren, vertreiben. Nur ist denn doch die Frage nicht unerlaubt, ob Israel in der Situation, in der es sich nun einmal befand, anderes hätte tun können als angreifen und Landstriche besetzen. Darum freilich kümmert sich die Neue Linke nicht. Ein für allemal haben sich für sie in erschreckender Vereinfachung die Fronten gebildet: hie der israelische Unterdrücker, da der arabische Freiheitskämpfer!

Was da in der Vorstellungswelt der Jungen Linken als

ein simplifizierender Denk- und Aktionsmechanismus in Gang gerät, hat seine Wurzeln im *Mythos des sozialrevolutionären und zugleich nationalen Freiheitskampfes.* Auf der Stelle sind Missverständnisse auszuschließen: Es fällt mir im Traume nicht ein, den national-sozialrevolutionären Freiheitskampf schlechthin als Mythos abzutun. An vielen Punkten der Erde ist er nicht nur bittere, sondern auch gerechtfertigte Realität. Als 1954 Ben Bella ausholte zum Schlag gegen den französischen Kolonialismus, stand er nicht im Banne einer mythischen Idee. (Nebenfrage: Was wurde übrigens aus Ben Bella und warum ist keiner der »chefs historiques« der algerischen Revolution mehr sichtbar?) Weder Frantz Fanon, der Theoretiker der nationalrevolutionären Gewalt, noch Régis Debray, der seine Freigabe drangab für die Revolution, noch selbstverständlich Che Guevara oder Ho Chi Minh sind oder waren Mythenträger. Die violente Revolution wird nur dort zum Mythos, wo sie aus guten Gründen nicht stattfinden kann und wird: In Westberlin, Frankfurt, Köln, Paris, Grenoble etc. hat die bewaffnete, im Dienste der Emanzipation des Menschen stehende Rebellion zum Mythos sich petrifiziert und zum Sprechchor ästhetisiert. Da nun einmal der nationalrevolutionäre Aufstand gleichsam zum eisernen Bestand junglinken Denkens oder Nichtdenkens geworden war, hat unausweichlich um den Widerstand der Palästina-Araber der Enthusiasmus der Neuen Linken sich konzentrieren müssen – und damit der Hass gegen den israelischen »Oppressor« sich entzündet. Vietnam, der Kampf bolivianischer Guerrilleros, der Widerstand in Griechenland, die Black-Panther-Bewegung, der El Fatah, das galt mit einemmal gleichviel.

Meine ich, dass tatsächlich die Résistance der Fedayin keine Legitimität habe? Natürlich nicht. Es sind tapfere Männer und keineswegs nur blinde, verhetzte Fanatiker, die sich durch die israelischen Linien schleichen und nach den Gesetzen des Maquis einen vergleichsweise mächtigen Besatzer in die Schranken fordern. – Nur freilich ist es Geschichtsblindheit, wenn man nicht einsehen will, dass die Israelis ihrerseits in einem nationalen Freiheitskampf stehen, und zwar in einem ungleich gefährlicheren, ungleich tragischeren als die Palästina-Araber, da es doch für sie ums bare Überleben geht und darüber hinaus um die Erhaltung eines Schutzbunkers für Juden außerhalb Israels, die in den fortgeschrittenen Ländern gerade eben noch toleriert werden und in den arabischen Staaten schon längst auf dramatische Weise untergegangen wären, hätten sie sich nicht nach Israel retten können. Israel kämpft um das Leben jedes einzelnen seiner Bewohner. Die Araber fechten für ihre territorialen Rechte. Es kann gar keinen Zweifel geben, dass eine Linke, die sich nicht selbst an den Mythos aufgegeben hat, zumindest trachten müsste, nicht durch undurchdachten Anti-Israelismus Öl ins Feuer zu gießen.

Gewiss winkt jeder Junglinke verächtlich ab, wenn man ihm vorhält, dass sein Antizionismus grob antisemitische Elemente enthalte. Mit Recht: Ich unterstelle keinem der jungen Leute, die da allenfalls einen israelischen Botschafter auspfeifen und niederschreien, persönlich antisemitische Intentionen. Die reinen individuellen Absichten und Ziele zählen allerdings nur wenig im Angesicht der objektiv-geschichtlichen Situation, das sollten am Ende die vorgeblichen Marx-Kenner wissen. Der gefährliche Boden, auf dem die Junglinke sich in ihrem antizionistischen Furor bewegt, enthält die Keime eines jahrhundertealten, noch keineswegs »bewältigten« Antisemitismus. Jedes »Nieder mit der zionistischen Oppression« findet irgendwo sein Echo, das dann wie »Juda verrecke« klingt. Im kollektiven Unterbewusstsein der europäischen Völker ist der wahrscheinlich durch die Missidee der Deizids hervorgerufene Antisemitismus so virulent wie eh und je: Er findet ein wohlfunktionierendes, zudem noch als Alibi geltendes Ventil durch den Antizionismus der Junglinken, denn schließlich sind es ja *Juden*, die gleichen, die immer schon den Popanz des Weltfeindes abgeben mussten, welche da als Unterdrücker stigmatisiert werden. Es muss und wird denn, wie schon eingangs gesagt, der linke Antizionismus in den allgemeinen, übrigens auch nicht ganz ohne linke Verknüpfungsstellen im Raume schwebenden Antisemitismus eingehen, sofern nicht in letzter Minute die Neue Linke sich besinnt, ihrer Guerilla-Metaphysik entrinnt und endlich einmal tut, was zu tun sie ständig und bei jeder passenden und unpassenden Gelegenheit behauptet, nämlich: eine gegebene Situation geistig »reflektiert«.

Unmöglich, hier abzubrechen, ohne zu verweisen auf ein letztes ganz sinnentscheidendes Faktum. Es muss ausgesprochen werden, dass der Antizionismus der Linken auf eine verhängnisvolle Weise die überwältigende Mehrheit der mit gutem Recht sich allerwegen gefährdet fühlenden Juden Europas und der USA ins reaktionäre Lager abdrängt. So wie – sehr wahrscheinlich, ich habe keine glaubwürdigen Informationen hierüber, kann also nur spekulieren und deduzieren – die unter dem offiziellen Antisemitismus leidenden Juden der Ostblockstaaten die USA als eine Art von anderem Gelobten Lande sehen, so werden à la longue, wenn die Junglinke weiterhin in ihrem naiven proarabischen Manichäismus verharrt, die genuin fortschrittlichen und freiheitlich gesinnten Juden Westeuropas und der USA eine Tendenz zeigen, sich konservativen Komplexen, soweit diese nur nicht anti-israelisch sind, anzugliedern. Um es in einem vereinfachenden französischen Beispiel zu sagen: Wenn wirklich Georges Bidault eines Tages als letzter Freund Israels dastehen sollte, dann würden die gestern noch linksradikalen, das FLN unterstützenden Juden Frankreichs sich, la mort dans l'âme, an Georges Bidault klammern. – Auch deutsche Beispiele könnte ich nennen, aber ein unüberwindlicher Widerstand hindert mich daran, gewisse Namen in diesem Zusammenhang auszusprechen.

Niemand fordert von der Jungen Linken, dass sie sich selbst in ihrem Bezuge zum »Weltjudentum« definiere. Niemand – und am allerwenigsten ich selbst, der ich mir immer einbildete, ihr politisch nahe zu stehen – verlangt, sie solle im israelisch-arabischen Konflikt, einer historischen Tragödie ohne Beispiel, eine projüdische, beziehungsweise proisraelische Position beziehen. Es ist nur ein Minimum an gutem Willen und Gerechtigkeitssinn im politischen Urteil, das ich von ihr erbitte. Ist es wirklich so schwer einzusehen, dass die Generale der israelischen Armee, der demokratischsten der Erde, keine Westmorelands sind? Kann allen Ernstes jemand die israelischen Soldaten mit den Helden von Lidice und Oradour vergleichen? Und schließlich: Ist es eine intellektuelle Überanstrengung, zu erkennen, dass im Nahen Osten eine Partie zweier Supermächte im Gange ist, in welcher Israelis und Araber nichts sind als Schachfiguren? Braucht es eines besonderen soziologisch-politologischen Genies, sich deutlich zu machen, dass man mit Antizionismus dem Antisemitismus jenen kleinen Finger reicht, dem unweigerlich die ganze Hand nachfolgen muss? Ein Quentchen gesunden Menschenverstandes reicht wohl aus. Man kann sich nicht abfinden mit dem Gedanken, dass die Junglinke dieses Quentchen eingetauscht hat gegen unreflektierte dialektische Phraseologie und auf Stromlinie gebrachte Werwolfromantik.

JUDEN, LINKE – LINKE JUDEN

Ein politisches Problem ändert seine Konturen (1973)

In einer Vergangenheit, deren Ende brüsk durch das Jahr 1967 markiert ist, sah die Sache verhältnismäßig einfach aus: zwischen den Linken und den Juden – mochten diese auch zu nicht unerheblichen Teilen konservativ gewesen, also in einem ganz soziologisch aufgefassten Sinne »rechts« gestanden sein – gab es ein von beiden Seiten stillschweigend eingehaltenes Friedensbündnis. Beide waren sie Minoritäten, beide gehörten sie zu den »Verdammten dieser Erde«. Unzweifelhaft, und trotz einer gewissen, namentlich in Frankreich feststellbaren leicht antisemitischen linken Tradition (denn in diesem Lande war der Kapitalismus durch den Namen »Rothschild« chiffriert), fühlten sich die sozial und politisch einerseits, religiös-rassisch andererseits außenseiterischen Gruppen im wesentlichen solidarisch. Die

Juden stellten nicht nur vielfach das »Management«, sondern auch einen Teil des Fußvolkes der linken (sozialdemokratischen und kommunistischen) Parteien. Noch der konservativste Jude brachte, wenn er mit sich ehrlich war, keinen rechten antilinken Affekt auf, da ja die linken Gruppierungen und Organisationen die einzigen waren, die den prinzipiellen Antisemitismus ausschlossen. Es kannten die Linken nur den *Menschen*, nicht den Deutschen, Franzosen, Engländer etc. Im Maße, wie sich die Juden als Menschen anerkannt fühlten, waren sie gewiss, nunmehr auch Deutsche, Franzosen, Engländer etc. sein zu können. Der linke Humanismus, der keine ethnischen, nationalen, religiösen Bestimmungen kannte, garantierte den Juden mit der universell-menschheitlichen auch die *nationale* Gleichberechtigung. Was die Linke angeht, so war sie den Juden nicht allein durch das Faktum verbunden, dass ein nicht geringer Teil der linken Theoretiker – von Marx angefangen über Bernstein, Max Adler bis zu Adorno und Marcuse – jüdischen Stammes war, sondern fühlte auch instinktiv, dass sie selbst unter konservativen Juden keine wirklich rabiaten Gegner hatten.

***

Das alles ist Geschichte, ist tiefe politische Vorzeit. Wie verhält es sich heute?

Für die Linken sieht die Sache recht simpel aus – und vielleicht tue ich gut daran, die gegebene Situation durch ein selbsterlebtes Exempel zu verdeutlichen. Unter den mehrheitlich links bis linksaußen stehenden Redakteuren der Funkstation eines kleinen westeuropäischen Landes gab es ein Gespräch, dem ich beiwohnte. Es ging um palästinensische Attentate. Nachdem einige der recht jungen Mitglieder des Redaktionsstabs mit kaum verhohlener Begeisterung dieser mit dem Hinweis auf die Legitimität der von den Palästinensern eingesetzten »Gegengewalt« ihre Billigung erteilt hatten, wagte eine junge Frau einen ohnehin ziemlich schüchternen Einwand: Es gehe nicht an, meinte sie, mit dem Begriff der Gegengewalt jede Art von Grausamkeit zu rechtfertigen; man solle doch versuchen, zu analysieren, wo wirklich guten Sinnes von Gegengewalt gesprochen werden dürfe und wo, andererseits, diese Gegengewalt Gefahr laufe, zur Gewalt schlechthin und damit zur Unmenschlichkeit zu werden. Es gab eine Pause peinlichen und peinigenden Schweigens – bis einer der Gesprächspartner endlich sagte: »Ich glaube, du kannst das Verhalten der Palästinenser nicht verstehen: dein verstorbener Mann war ja Jude ...« *Sippenhaft* denn also. Die junge Frau sagte kein Wort mehr – und ich selbst hielt mich erst recht zurück, denn ich war ja nun in der Tat pars in causa.

Es ist also, wie man sieht, dahin gekommen, dass das

Wort eines Juden – oder hieß es nicht einstens: eines Judengenossen? – von den Linken als bevorurteilt nicht mehr akzeptiert wird, wenn es um das Problem Israels geht. Jedoch, so kann man sich fragen, was soll denn das Judenproblem eigentlich mit Israel zu tun haben? Und gebe es denn nicht maßgebende Persönlichkeiten der Neuen Linken, die in der Frage des Nahen Ostens völlig im Akkord sind mit den Auffassungen ihrer nichtjüdischen Genossen? Gebe es keinen Ernest Mandel, keinen Erich Fried, keinen Alain Geismar, keinen Alain Krivine? Natürlich gibt es sie. Aber – und hier bin ich meiner Sache sehr weitgehend gewiss – sie sind für die Gesamtlage so wenig kennzeichnend, wie es für die innenpolitische Situation Israels jene Juden sind, die mit arabischen Geheimdiensten, beziehungsweise arabischen Widerstandsorganisationen zusammenarbeiten.

Das schlichte Faktum ist nämlich, dass es eine Art von existentieller Bindung (»Schicksalsbindung« hätte man früher wohl gesagt und damit den Tatbestand nicht schlechter charakterisiert) der immensen Mehrheit aller Juden in der Welt an den Staat Israel gibt. Natürlich hat diese Bindung sehr wenig zu tun mit der einschränkungslosen Zustimmung zu allem, was die je im Amt befindliche Regierung Israels unternimmt. Was beispielsweise mich angeht, so ist mir die starre Unerbittlichkeit, mit der Israel auf den Besitz der Altstadt von Jerusalem besteht, fremd, ja, sie ist mir als eine theologische bis theokratische Besessenheit zutiefst unbehaglich. Ich glaube – und stehe damit wohl nicht allein –, dass die verschiedenen Regierungen des Staates Israel sich schwerer Unterlassungssünden schuldig gemacht haben, weil sie nicht, als das noch möglich gewesen wäre, eine wohldurchdachte, humane und fortschrittliche Araberpolitik entwarfen. Weder bin ich mit jeder Repressalienaktion Israels einverstanden, noch halte ich es für einen gesunden Zustand, dass die Israelis sich zum »Herrenvolk« machen, indem sie zum Zwecke ihrer wirtschaftlichen und industriellen Expansion arabische Gastarbeiter importieren, die sich, auch wenn es ihnen materiell vielleicht besser geht als je zuvor in ihrer Heimat und unter ihren angestammten Herrschern, in einer unwürdigen Situation befinden. Mein linkes Gewissen ist belastet durch derlei Tatbestände, ich würde sie gerne schnellstens verändert wissen. Und dennoch bin ich mir bewusst, dass ich an der Existenz dieses Landes, das ich nicht kenne, dessen Sprache ich nicht spreche, dessen Religion nicht die meine ist und dessen Folklore mir so fremd ist wie die irgendeines schwarzafrikanischen Stammes, ein tiefverankertes Interesse habe. Dieses Interesse *aller* Juden an der Existenz Israels ist nichts weniger als irrational. Im Gegenteil: Es ist aufs allerrationalste und ohne jegliche Schwierigkeit analysierbar. Jeder Jude hat durch das Bestehen dieses Staates eine neue Identität gewonnen, und zwar auch dann, wenn er sich überhaupt nicht als wesentlich jüdisch bestimmt fühlt. Seit es Israel gibt, weiß er, der Jude ist nicht, wie der Antisemit es ihm so lange eingeredet hatte, bis es zur Überredung schließlich gekommen war, feige, unfähig zu manueller Arbeit, geboren nur zu Geldgeschäften, untauglich zum Landbau, ein faselnder Stubenhocker und bestenfalls geistreichelnder Schwätzer. Er weiß aber noch mehr: Nämlich, dass, wenn immer es ihm, wo immer, an den Kragen ginge, ein Fleck Erde da ist, der ihn aufnähme, unter allen Umständen. Er weiß, dass er, solange Israel besteht, nicht noch einmal unter schweigender Zustimmung der ungastlichen Wirtsvölker, günstigstenfalls unter deren unverbindlichem Bedauern, in den Feuerofen gesteckt werden kann. Er ist denn »befangen«, wenn es um Israel geht. Ist er aber darum vollkommen verblendet, ist er darum unbedingt außerstande, vernünftig und mit annähernder Objektivität über das Problem Israel zu diskutieren? Ist er auf alle Fälle einsichtsloser, als jene anderen es sind – die einstigen Freunde von der Linken, die Genossen –, die nichts sehen als den Mythos des nationalen Widerstandskampfes, die zwar für einen verrückten, bücherverbrennenden islamischen Fanatiker-Diktator Verständnis aufbringen, nicht aber für die Lebensgefahr, in der ein jeder Israeli sich befindet?

Der Jude, und namentlich der traditionell *linke* Jude, ist trotz seiner Bindung an Israel imstande, die Probleme mit einiger Vernunft und ohne allzu starkem emotionellen Druck zu unterliegen, zu besprechen. Die hochnervöse Emotionalisierung ist, so habe ich den Eindruck, im Augenblick eher im Lager der neuen Linken festzustellen. Sie sieht, diese neue Linke, in Israel nichts als einen Vorposten des amerikanischen Imperialismus und verhält sich ganz so, als hätte der General Dayan persönlich den Befehl erteilt, die nordvietnamesischen Städte dem Erdboden gleichzumachen, als sei Israel mitverantwortlich für jede von der amerikanischen Supermacht ins Werk gesetzte Unmenschlichkeit in Lateinamerika.

Die Wahrheit sieht doch wohl recht anders aus, als diese manichäische Vorstellung es will. Wer will, mag einräumen, es sei die Ansiedlung der heimatlosen Juden in Palästina ein großes historisches Unrecht gewesen, eine ganz böse und niederträchtige List der Geschichte; ich habe kein Urteil darüber, weiß nur, wie jeder, der irgendeinmal sich mit historischen Verläufen befasst hat, dass es kaum ein Staatengebilde auf dieser Welt gibt, das nicht irgendeinem Unrecht sein Bestehen verdankt. Ausgehen kann man nur von dem Faktum, dass Israel heute als Resultat einer titanischen Arbeit von gefährdeten Menschen existiert und dass die Zerstörung dieses Landes, die – ausgesprochen oder nicht – auf dem Programm sowohl der arabischen Staaten als auch der palästinensischen Widerständler steht, ein noch viel schrecklicheres Unrecht herauffähren würde. »Israel«, so sagte neulich ein palästinensischer Führer, einem Interviewer des »Monde«, »ist dazu verurteilt, jede Schlacht zu gewinnen. Wenn es eine einzige verliert, dann ...« Der Mann sprach nicht weiter, aber jedermann weiß, dass er den Würgengel im Sinne hatte, der in einem solchen Falle über das Land hingehen würde. Es ist also so, dass das Land Israel gegen die Todesdrohung durch die an Menschen, Geld, Öl unendlich viel reicheren und damit auch potentiell mächtigere Welt der Araber seinerseits einen nationalen Freiheitskampf führt, der zumindest so legitim ist wie derjenige der Palästinenser, dass die Gewalt, die es ausübt, ihrerseits Gegengewalt ist – sofern dieser Begriff überhaupt einen Sinn haben soll. In diesem Freiheitskampf hat, so wollte es das historische Verhängnis, Israel einen einzigen Alliierten: die USA. Es hat diesen Verbündeten nicht unter mehreren möglichen gewählt. Es hat die einzige Hand ergriffen, die sich ihm hilfreich entgegenstreckte. Kann ein Ertrinkender, ehe er zufasst, nachsehen, ob auf der rettenden Hand sich vielleicht ein Blutflecken befindet?

Das alles ist einfach bis zur Einfältigkeit: Man schreibt es hin mit dem leisen Unbehagen eines, dem nicht wohl ist, weil er nur Selbstverständlichkeiten vorbringen kann. Dass es dennoch gesagt werden muss, hat aber nicht mit der Einfalt des Aussagenden zu tun, sondern mit der Geschichts- und Humanitätsblindheit einer Linken, die seit Jahren schon in ungesunder Frenesie ihre besten Traditionen auf öffentlichen Plätzen verhöhnt und schließlich verneint. Ich meine, dass es im Konflikt zwischen den Linken und den Juden den immer noch hartnäckig ihre politische Identität bekräftigenden *linken Juden* zukommt, den Genossen von einst ein paar grundeinfache Wahrheiten vorzuhalten, denen sie sich, sofern sie nicht jegliche Realitätsbeziehung verloren haben, am Ende denn doch nicht werden verschließen können. In ein paar Sätzen sei hier zusammengefasst, was ich meine:

- Nicht jede geworfene Bombe, nicht jede Tötung von Geiseln ist per definitionem ein Akt höherer politischer Einsicht und ein Signum des Heldentums.
- Israel, auch wenn es sich an die USA als den einzigen sich ihm bietenden Verbündeten hält, ist nicht mitverantwortlich für alle politisch-militärischen Taten und Untaten dieses Landes.
- Nicht jedes sich revolutionär nennende Regime der Dritten Welt hat einen authentisch revolutionären sozialen Inhalt: Algerien, das die »Black Panthers« ausstieß, ist sowenig ein revolutionäres Staatsgebilde, wie das den islamischen Fanatismus zum Paroxysmus treibende Libyen Ghadafis.
- Wer die Existenzberechtigung Israels in Frage stellt, der ist entweder zu dumm, um einzusehen, dass er bei der Veranstaltung eines Über-Auschwitz mitwirkt, oder er steuert bewusst auf dieses Über-Auschwitz hin.

DER NEUE ANTISEMITISMUS
(1976)

Wird der Antisemitismus wieder gesellschaftsfähig? Die Frage wäre noch vor fünf Jahren als ziemlich absurd erschienen oder auch – wenn von Juden gestellt als Ausdruck leicht paranoider Gemütsverfassung. Dies hat sich, so will mir scheinen, radikal geändert. Der Antisemitismus, welt- und menschenunmöglich geworden durch etwas, das hier durch die Chiffre »Auschwitz« verkürzt gekennzeichnet ist, steht im Begriffe, sich wieder in die politische Diskussion einzudrängen und sich ganz unverschämt breit zu machen.

Ich spreche nicht vom Stammtisch-Antisemitismus des deutschen und außerdeutschen Spießers, für den das »Andere« am Juden, es mochte sich an einer Figur wie der Benjamin Disraelis gezeigt haben oder an der eines Rathenau, zugleich auch stets das Verabscheuenswerte, ja Teuflische war. Das Judenvolk, gebrandmarkt von der verrückten Idee des Deizids, welche die Christenheit manchmal fanatisch, manchmal würdig-theologisch verbreitete, war und blieb für den kleinen Mann, aber auch für den großen, einflussreichen, eine nicht geheure ethnische Gruppe, eine Religionsgemeinschaft, der man nicht trauen konnte. Der Spießer-Antisemitismus war stets Teil des magischen Weltbildes von Völkern, welche die Aufklärung nicht wahrgenommen oder bewusst unterschlagen hatten. Er war nicht nur der »Sozialismus« der dummen Kerle, sondern auch dieser dummen Kerle Metaphysik und Gesellschaftsphilosophie. Die berüchtigten »Protokolle der Weisen von Zion« waren nur das sinnfälligste, gröbste Beispiel für eine kollektive Verfassung, die im Laufe der Historie, in so tiefen Schichten sich abgelagert hatte, dass ein Marx sich ihr nicht hat ganz entziehen können, dass ein Otto Weininger als Paradigma des Selbsthass-Juden sich konsequent durch eigene Hand aus der Welt schaffte. – Ich spreche nicht von diesem Antisemitismus. Oder muss mein Wort sich vielleicht doch auf ihn beziehen? Wir werden sehen. Zuvörderst war jedenfalls der »klassische« Antisemitismus da, der ein Weltphänomen ist, wenn er sich auch nirgendwo auf so bestialische Weise realisiert hat wie im Dritten Reich der Deutschen. Und nur ganz beiläufig sei hier verwiesen auf Sartres »Réflexions sur la question juive«, ein Buch, das in meinen Augen noch immer das letzte Wort in der Analyse eines

Problems ist, welches in noch höherem Grade als Kolonialismus und Imperialismus der »Fleck auf der Ehr'« der zivilisierten Menschheit ist.

Der Antisemitismus, mit dem wir es *heute* zu tun haben, nennt seinen Namen nicht. Im Gegenteil: Will man ihn haftbar machen, verleugnet er sich. Man kann ihm nur schwer den Prozess machen, den er schon längst verloren hat, der aber gleichwohl ein Verfahren in Permanenz zu bleiben hätte. Was sagt der neue Antisemit? Etwas überaus Einfaches und dem flüchtigen Blick auch Einleuchtendes: Er sei nicht der, als den man ihn hinstelle, nicht Antisemit also sei er, sondern *Anti-Zionist!* Damit glaubt er sich seine Ehre salviert zu haben, dies um so leichter, als schon mehr als drei Jahrzehnte hingingen, seit Auschwitz weltnotorisch wurde, so dass die allgemeine moralische Entrüstung ihren élan vital einbüßte und – was noch entscheidender ist – das Nahost-Problem neue schreckliche Vereinfachungen möglich macht. Der unverschämt verschämte Antisemit von heute hat es gut. Die Existenz des Staates Israel, der so wenig ein Staat des Rechts ist wie irgendein anderer, aber *nicht mehr* ein Staat des Unrechts als die staatlichen Verbände der christlichen und außerchristlichen Welt, reicht ihm handliche Argumente dar. Haben denn nicht in Palästina die Juden ein Volk, das arabisch-palästinensische, von seinem angestammten Grund und Boden vertrieben? Sind sie nicht namentlich in den durch Kriege erworbenen palästinensischen Gebieten eine brutale Besatzungsmacht, vergleichbar den Nazis, die sich zwischen 1940 und 1945 Europa aneigneten? Sind die Israeli nicht Vorposten des Weltimperialismus? Läuft ihre Staats- und Volksidee nicht auf neue und immer neue kriegerische Eroberungen hinaus? Ist der Kampf gegen Israel nicht Teil der allgemeinen guten, fortschrittlichen Sache, wie es die nationalen Befreiungskämpfe der Algerier oder der indonesischen Völker waren? Und hat man nicht ein gutes Recht, die Juden im allgemeinen mit Misstrauen zu beobachten, da sie sich, eingestandenermaßen oder nicht, am Ende doch stets mit dem Unrechts-Staat Israel solidarisieren? Man darf rufen: »Schlagt die Zionisten tot, macht den Nahen Osten rot!« – und kann verschweigen oder sogar empört die Insinuation zurückweisen, dass in diesem Kampfruf ein anderer, nur allzu bekannter mitschwinge: das ganz eindeutige »Juda verrecke« der Nazis.

Man hat es allemal schwer, zu argumentieren, wo auf der anderen Seite nicht Bereitschaft zur Diskussion besteht, sondern nur üble mauvaise foi. Dabei ließe sich so manches vorbringen. Die Tatsache zum Beispiel, dass es nicht einen – und ich wäge meine Worte – *nicht einen einzigen Staat* in der Welt gibt, bei dessen Geburt nicht Recht und Unrecht, Gerechtigkeit und Ungerechtigkeit bis zur Unauflöslichkeit miteinander verschlungen waren. Des weiteren wäre darzulegen, dass Israel als Besatzungsmacht einschließlich von Brutalitäten, vielleicht sogar Grausamkeiten, die begangen worden sein mögen und die als geschichtliche Grundübel auf jedem Staat lasten, der je fremde, feindlich gesinnte Territorien verwalten musste, ganz gewiss eine vergleichsweise humane ist. Wer dies nicht einsieht, der sollte gezwungen werden, sich mit der Geschichte der deutschen Besatzung während des Zweiten Weltkriegs in Holland, Norwegen, Frankreich, Dänemark u. a. zu befassen – oder auch mit der französischen Besatzung des Ruhrgebiets in den Jahren 1923–1925. Würde aber ein solches zwangsweise verordnetes Geschichtsstudium die falschen Schlagworte, die verkehrten Analogien, die albernen Vorurteile verschwinden machen? Ich zweifle daran. Denn – und damit komme ich zurück zum eigentlichen Thema dieser Überlegungen – der Anti-Zionismus ist nichts anderes als die Aktualisierung des uralten, offensichtlich unausrottbaren, ganz und gar irrationalen Judenhasses von eh und je. »Wer behauptet, dass er wohl Antizionist sei, aber beileibe nichts gegen die Juden sagen wolle, macht sich und anderen etwas vor«, schrieb in seinem bemerkenswerten Buch »Außenseiter« der Germanist und Sozialphilosoph Hans Mayer. Hinzuzufügen wäre, dass das »Sich etwas vormachen« der Antizionisten, die allerwegen auch Antisemiten sind, historische oder wenn man will, kollektiv-psychologische Voraussetzungen hat, die sich der rationalen Diskussion entziehen.

Der Antisemit will (und muss auf Grund eben dieser Voraussetzungen) im Juden das radikal Böse sehen: und da ist ihm ein im fürstlichen Dienste stehender Zinswucherer als Hassobjekt ebenso recht wie ein israelischer General. Dem Antisemiten ist der Jude ein Wegwurf, wie immer er es anstelle: Ist er, gezwungenermaßen, Handelsmann, wird er zum Blutsauger. Ist er Intellektueller, dann steht er als diabolischer Zersetzer der bestehenden Weltordnung da. Als Bauer ist er Kolonialist, als Soldat grausamer Oppressor. Zeigt er sich zur Assimilation an ein je in Frage kommendes Wirtsvolk bereit, ist er dem Antisemiten ein ehrvergessener Eindringling; verlangt es ihn nach jener neuerdings so gefeierten »nationalen Identität«, nennt man ihn einen Rassisten.

Es sind dies leider Sachverhalte, die seit Jahrzehnten offen vor uns liegen, die von gescheiten Leuten von Masaryk bis Sartre mit hinlänglicher Genauigkeit analysiert wurden. Neu ist allenfalls das beschämende Faktum, dass der als Anti-Zionismus sich bezeichnende Antisemitismus seine zügellosesten Vertreter in einem politischen Lager hat, in dem man antisemitische Affekte kaum erwartet hätte: im *linken*. Nicht so, dass etwa die Rechte nicht mehr antisemitisch wäre. Sie, die ich weiter oben in den Begriff »Spießer« mit einfasste, ist selbstverständlich weiter den Juden gegenüber im günstigsten Fall zu vorsichtiger Toleranz bereit, im übelsten zu rohem antisemitischen Exzess geneigt. Nur wagt sie sich, von den Ausnahmen deklarierter Altbrauner abgesehen – nicht – oder noch nicht – so unverstellt hervor, dass man sie auf ihre Haltung verpflichten könnte. Die Rechte schleicht gleichsam um den gestern noch heißen, heute bereits nur noch lauwarmen Brei herum und wartet vertrauensvoll ihre gute Stunde ab.

Wird diese Stunde kommen? Hat sie vielleicht schon geschlagen? Bei Antworten auf derlei Fragen, ist größte Vorsicht geboten. Prophezeiungen sind unerlaubt; Befürchtungen darf man freilich aussprechen. Da ist zunächst einmal die unanzweifelbare Tatsache, dass der rabiate Anti-Zionismus seine beredtesten Sprecher heute auf der Linken hat: Diese reicht von den Jungsozialisten, welche ihre älteren Parteigenossen energisch zu antizionistischen Stellungnahmen drängen, über den orthodoxen Sowjetkommunismus bis zu Maoisten, Trotzkisten und unabhängigen linksradikalen Randgruppen. Wie die Sowjets ihre jüdischen Bürger behandeln, ist weltnotorisch. Sie sind ihnen alle, ganz wie einst den Nazis, Teilnehmer an einem imaginären zionistisch-imperialistischen Weltkomplott. Die außerhalb des Sowjetorbits sich bewegende neue Linke, sofern sie in der Tat ganz außerhalb steht, wessen ich nicht gewiss bin, teilt, terminologisch differenzierter, darum aber auf nicht weniger radikale Weise, die sowjetisch Auffassung: man muss bedenken, dass europäische Terrorgruppen häufig in palästinensischen festen Plätzen, die man euphemistisch »Flüchtlingslager« nennt, im Gebrauche sowjetischer Waffen geschult werden und dass antizionistische Kidnappers stets nach vollbrachter Tat in sowjetisch unterstützten arabischen Ländern Zuflucht finden. Sie alle lehnen es immer wieder ab, sich offen als Antisemiten zu bekennen, und gerne bin ich bereit, ihnen zuzugestehen, dass sie nicht bewusst von antisemitischen Affekten geleitet sind, richtiger: dass ihnen die antisemitische Emotion als solche nicht bewusst ist. Sehr tief kann aber ihr guter Glaube, dass sie zwar Anti-Zionisten sind, um des in ihren Augen den Palästinensern angetanen Unrechts willen, nicht aber Antisemiten im herkömmlichen Sinne, unmöglich reichen. Denn mit nur einiger intellektueller Redlichkeit müssten sie erkennen, dass es so etwas gibt wie eine *existentielle Bindung* eines jeden Juden, gehöre er der mosaischen Glaubensgemeinschaft an oder nicht, befürworte er den Zionismus oder lehne er ihn ab, an den Staat Israel und seine souveräne Existenz.

Dies aus zweierlei Gründen, die beide weder ein Metaphysikum sind noch eine religiöse Auserwähltheits-Neurose, noch auch natürlich eine Form des Rassismus. Der Staat Israel ist ein Gemeinwesen, das die Juden gelehrt hat, sich ihr Eigenbild nicht vom Antisemiten aufprägen zu lassen. Es ist das Land, wo der Jude Bauer ist und nicht Zinswucherer, Soldat und nicht bleicher Stubenhocker, Handwerker und nicht Kommissionär. Dank des Staates Israel haben die Juden in der UdSSR, den USA, in Frankreich, England, und wo immer sie der Wind der Diaspora hingetragen habe, begriffen, dass sie Menschen sind wie andere auch. Nicht mehr, aber auch nicht weniger. Dazu gesellt sich die zweite, nicht weniger scharf profilierte Ursache für der Juden Anhänglichkeit an den Zwergstaat im Nahen Osten. Während zweier Jahrtausende waren sie gefährdet, waren abhängig vom Blick der anderen und deren selten gutem, zumeist grundschlechten Willen. Die Gefahr der Ausstoßung, des schimpflichen Todes ohne Möglichkeit der Gegenwehr hing über ihren Häuptern wie eine dunkle Gewitterwolke, und eine solche hat sich denn auch im Dritten Reich aufs Fürchterlichste entladen. Seit der Staat Israel besteht, haben die Juden für alle Fälle ein virtuelles Asyl. Ich sage ausdrücklich: ein virtuelles, denn die Geschichte wiederholt sich schließlich nicht wie ein ewig abrollender Film, und die Heraufkunft eines anderen Hitlers ist ganz unwahrscheinlich. Die Juden der USA beispielsweise haben – zur hellen Verzweiflung der radikalen Zionisten und der israelischen Regierungen – keinerlei ernsthafte Absicht, das Land, wo Milch und Honig fließt, mit dem dürstenden, staubig-steinigen Israel zu vertauschen. Frankreichs Juden sind Franzosen, wie einstmals deutsche Juden Deutsche waren. Sogar aus der UdSSR würden die jüdischen Bürger, wenn sie nur im Vollbesitz ihrer Rechte als Angehörige des Sowjetvolkes wären, ganz gewiss nur in verschwindend geringer Zahl nach dem für sie wildfremden Israel auswandern wollen.

Worauf es ihnen allen ankommt, das ist die *Möglichkeit,* die Virtualität der Obdachfindung: Wer jemals als Heimatloser durch die Welt irrte, wird dies verstehen können. – Kann man nun aber nicht gerade von der soziologisch und psychologisch zumeist recht wohlgebildeten jungen Linken fordern, dass sie Verständnis aufbringe für die Lage einer seit zwei Jahrtausenden erniedrigten Menschengemeinschaft? Müssten nicht eben *sie,* die mehrheitlich akademisch gebildet sind und auch einige Geschichtskenntnis haben, verstehen, dass prinzipiell die Lösung der palästinensischen Frage nur eine technische ist, während der von soviel Hass umbrandete Judenstaat, wenn er unterginge, seinen Bewohnern als Erbstück nichts hinterlassen würde als das Schlachtmesser des bereits zum Mord erzogenen Gegners? Ich habe das unabweisliche, wenn auch nicht beweiskräftige Gefühl, dass die linken Anti-Zionisten-Antisemiten all dies sehr wohl ahnen, dass sie es aber verdrängen. Im Akte der Verdrängung, an dessen Ende die Indifferenz gegenüber jüdischem Katastrophengeschick steht, schließt sich nun der Ring zum althergebrachten Spießer-Antisemitismus, der in ruhigen Zeiten nur dumm ist, in erregten den Weg freilegt zu jenen Bestialitäten, von denen wir wissen. Es ist geradezu tragisch, dass hier die Linke das Geschäft ihrer Widersacher betreibt, teils aus Gedankenlosigkeit und phraseologischer Verbocktheit, teils aber auch, so möchte ich meinen, aus Gründen einer nicht ausgemerzten allgemeinen europäischen antisemitischen Tradition. Der alte Antisemitismus oder »Spießer-Antisemitismus«, wie ich ihn nenne, ist, steht er allein da in seiner Dürftigkeit, weniger gefährlich als der ihm dienstwillige neue, der mit historisch-moralischem Pathos auftritt. Was hier vor sich geht, ist in der Tat *Dialektik:* es wäre an der Zeit, dass die Berufs-Dialektiker dies endlich einsehen und zur Besinnung kommen, aus der humane Gesinnung werden könnte.

DER EHRBARE ANTISEMITISMUS

Rede zur Woche der Brüderlichkeit (1976)

Es ist kein glücklicher Augenblick, zu dem ich vor Sie hintrete, um meine Überlegungen zur Judenfrage anzustellen, die es ja offenbar nun wieder gibt, und zwar auf internationaler Ebene. »*Woche der Brüderlichkeit*«. Aber: Wo sind die Brüder? Wäre ich zynisch genug, ich würde den amerikanischen Mathematiker und Chansonnier Tom Lehrer zitieren, der vor Jahren schon gelegentlich einer amerikanischen »Brotherhood Week« gesungen hat: »And the Catholics hate the Protestants and the Protestants hate the Catholics and the Moslems hate the Hindus – and everbody hates the Jews.« Nun freilich, von einem allgemeinen brennenden Hass gegen die Juden als ethnische Gruppe und Religionsgemeinschaft sind wir noch entfernt, glücklicherweise, wenn auch vielleicht *nicht so weit,* wie Optimisten es annehmen. Nur eins ist schon feststellbar: ein allgemeines Missbehagen gegenüber den Juden. Ungut werden Vorbehalte spürbar, auch, ja besonders bei Leuten, die sich noch vor zehn Jahren auf recht ermüdende Weise philosemitisch gaben. Der Antisemitismus hat eine in tiefen historischen und psychologischen Schichten eingesenkte kollektive Infrastruktur. Wenn er heute sich wieder aktualisiert, drei Jahrzehnte nach der Entdeckung des von den Nazis Veranstalteten, dann hat dies nicht nur mit der schweigend und unablässig die ethische Entrüstung erodierenden Zeit zu tun, sondern auch, ja wahrscheinlich in erster Linie mit den Verhältnissen im *Nahen Osten.* Bestürzend ist hierbei, dass die *Jugend,* und namentlich eine sich als sozialistisch im weitesten Begriffsumfang verstehende, vor unseren ungläubigen Blicken das Uralte und längst abgelebt Geglaubte hervorholt. Wir wissen es aus der im Gang befindlichen Debatte innerhalb der traditionell judenfreundlichen und pro-israelischen Zweiten Internationale: Die jungen Sozialisten, denen heute die Palästinenser als die Freiheitskämpfer und die Israelis als die imperialistischen Unterdrücker erscheinen, drängen darauf, dass die Zweite Internationale sich von Israel distanziere. Für die Dritte Internationale stellt sich die Frage ohnehin nicht: Ihr ist Israel ein imperialistisches Krebsgeschwür und sind die Juden im Allgemeinen Komplizen des kapitalistischen Komplotts in Permanenz. Der Führer, die UdSSR, befahl, man folgte.

Nun wird man freilich einwenden, es habe Israel nichts mit dem Judenproblem im weiteren Sinne zu tun. *Nicht antisemitisch* sei man, *sondern anti-israelisch*. Dem Einwand ist leicht, allzu leicht zu entgegnen. Lassen Sie mich bitte hier den Germanisten Hans Mayer zitieren, einen Mann von gründlicher marxistischer Bildung. In seinem bemerkenswerten Buch »Außenseiter« schreibt dieser Autor: »Wer den Zionismus angreift, aber beileibe nichts gegen die Juden sagen möchte, macht sich oder anderen etwas vor. Der Staat Israel ist ein Judenstaat. Wer ihn zerstören möchte, erklärtermaßen oder durch eine Politik, die nichts anderes bewirken kann als solche Vernichtung, betreibt den Judenhass von einst und von jeher. Wie sehr das auch am Wechselspiel von Außenpolitik und Innenpolitik beobachtet werden kann, zeigt die Innenpolitik der derzeitigen anti-zionistischen Staaten: Sie wird ihre jüdischen Bürger im Innern virtuell als ›Zionisten‹ verstehen und entsprechend traktieren.«

In welchem Ausmaß der Anti-Zionismus sich der traditionellen antisemitischen, bzw. anti-jüdischen Phantasmen bedient, wurde mir kürzlich bei der Lektüre der von mir täglich gelesenen französischen Tageszeitung »Le Monde« bewusst. Dort zitierte der Nahost-Sonderkorrespondent Michel Tatu ein von der ägyptischen Regierung gelegentlich des zweiten Jahrestages des Oktoberkrieges veröffentlichtes Bild-Album, in dessen Text es wörtlich heißt: »In keinen Streitkräften der Welt will man Juden haben (...) denn diesen ist immer Geld wichtiger als Prinzipien (...) Wucherer sind keine Kämpfer.« Man lache nicht darüber, dass dies die Stimme eines Landes ist, das im Oktober 1973 in extremis durch amerikanische Pression auf Israel gerettet wurde. Man höre lieber weiter, dass der Journalist hinzufügt, es sei dies ein vergleichsweise gemäßigter Angriff; in den »härteren« arabischen Staaten, Syrien, Irak, Algerien, höre man noch ganz andere Töne. Unnötig, noch darauf zu beharren, dass dergleichen nichts mehr mit leider »normalen« territorialen Konflikten zwischen souveränen Staaten zu tun hat, wie etwa dem algerisch-marokkanischen. Es ist Streicher in Reinkultur. Es ist schimpflichster und dazu dümmster Antisemitismus, wobei wir uns leider der Tatsache bewusst sein müssen, dass das Niederträchtige und zugleich Blöde schon mehr als einmal in der Weltgeschichte triumphiert hat und nicht der mindeste Verlass ist auf den Professor Georg Wilhelm Friedrich Hegel.

Und mit diesem schimpflichen und dummen Antisemitismus, sofern er sich nur als Anti-Zionismus geriert, solidarisieren sich junge Menschen. Nicht etwa ein paar von unverbesserlichen Eltern oder Großeltern irregeleitete Nazi-Sprösslinge, sondern vorgebliche Sozialisten. Und niemand vertritt ihnen mit der nötigen Energie den Weg. Im Gegenteil. Die Bourgeoisie, ob deutsch, französisch oder belgisch, atmet erleichtert auf, dass sie hier für einmal im Gleichschritt marschieren kann mit der ansonsten von ihr als ein Ärgernis angesehenen jungen Generation, deren anti-autoritäre Affekte ihr auf die Nerven fallen. Sie selbst, die Bourgeoisie, hat, ganz abgesehen von dem in ihr schlummernden traditionellen Antisemitismus, noch ihre Sonderinteressen, die höchst stimmig und auf erleichternde Weise nun zusammenfallen mit dem unreflektierten Antisemitismus der Jungen, welche oftmals noch keinen Juden von Angesicht zu Angesicht sahen. Ihr geht es um Geschäfte. Öl und Sonstiges. Man muss sich sputen, um, wie diese Leute es sagen, »richtig zu liegen zu kommen«. Les affaires sont les affaires, das wissen jene multinationalen Korporationen sehr genau, die gesetzeswidrig, aber geschäftsgerecht in allen westlichen Demokratien den arabischen Boykott-Forderungen freudig nachzugeben bereit sind. Und es ist ihnen wohl bei dem Gedanken, dass ausnahmsweise auch sie sich in Richtung des objektiven Geistes bewegen – sofern sie von diesem schon vernommen haben. Solcherart wird der Antisemitismus, was er seit der Aufdeckung der Nazi-Schrecken nicht mehr war, nicht hat sein können: *ehrbar.*

Nun ist freilich einzuräumen, dass er vielleicht qua Antisemitismus diese Respektabilität nicht würde wiedererreicht haben, wenn es nicht tatsächlich eine sehr tiefe, eine – und man lasse mir das abgebrauchte Wort hingehen – *existentielle Bindung* eines jeden Juden an den Staat Israel gäbe. Ich sage, eines jeden Juden, und schränke mich gleich ein, denn selbstverständlich gibt es allerorten ein paar Selbsthass-Juden vom Dienst, die bereit sind, diese auch für sie gültige Solidarität zu verleugnen um irgendeines ideologischen Phantasmas willen oder aus Gründen einer illusionären und zugleich suizidären »Objektivität«. Von diesen eher beklagenswerten als zu verurteilenden Sonderfällen abgesehen aber fühlen sich Juden, seien sie nun Glaubensjuden oder nicht, hängen sie dem Zionismus an oder lehnen sie ihn ab, seien sie in ihren Gastländern neu eingewandert oder tief verwurzelt, an das Geschick und Missgeschick Israels gebunden. Gerne gebe ich hier meine Person als nicht ganz untypisch zum Beispiel: Ich gehörte niemals der jüdischen Glaubensgemeinschaft an, wurde vielmehr katholisch erzogen; ich habe keinerlei Verwandte in Israel und werde das Land demnächst zum erstenmal im Leben sehen; ich stamme aus altem vorarlbergischen Geschlecht; meine Bildungsheimat war einst Deutschland und ist heute Frankreich; ich lebe seit 38 Jahren in Belgien. Und dennoch: Sofern ich überhaupt an der staatlichen Existenz und Unabhängigkeit eines Gemeinwesens interessiert bin, ist dieses Israel. Das hat natürlich nichts mit irgendwelchen abstrusen Blut- und Rassenmythen zu tun. Es verhält sich ganz schlicht so, dass das Bestehen eines Judenstaates, dessen Bewohner nicht nur Kaufleute sind, sondern auch Bauern, nicht nur Intellektuelle, sondern auch Berufssoldaten, nicht jene »Wucherer«, von denen das neue Ägypten entgegen allen empirischen Evidenzen schwätzt, vielmehr in ihrer Majorität Handwerker, Industrie- und Agrarproletarier, alle Juden der Welt den aufrechten Gang wieder gelehrt hat. Manche hatten gemeint, sie würden in den sozialistischen Gesellschaften mit Selbstverständlichkeit in gerader Haltung zu schreiten vermögen. Die UdSSR und deren Gefolgsstaaten haben alles nur Ausdenkbare getan, ihnen den Marxismus-Leninismus abzugewöhnen. Es gibt kein sinnfälligeres Beispiel hierfür als das Geschick jenes Leopold Trepper, [damaligen] Leiters des Geheimdienstes »Rote Kapelle« und wahrhaftig bis ins Mark überzeugten Marxisten, der schließlich, vertrieben aus seiner polnischen Heimat, in Israel Zuflucht suchte und fand.

Und spreche ich von Zuflucht, fällt schon ein weiteres Stichwort. Denn es geht in der Tat um mehr als nur den aufrechten Gang. Israel ist nicht nur das Land, in dem der Jude sich nicht mehr im Sinne Sartres das Eigenbild vom Feinde aufprägen lässt; es ist auch das virtuelle Obdach für alle erniedrigten und beleidigten Juden der Welt. Man denke da nur an die Juden der Sowjetunion und anderer Ostblockländer, für die ein Ausreisevisum nach Israel die letzte Hoffnung schon Verzweifelnder ist, ein Leben in Würde und Anstand zu führen. Ich sage ganz ausdrücklich: *virtuelle Hoffnung*. Einmal im vollen Besitze einer nicht mehr kränkend eingeschränkten Sowjetbürgerschaft, würde wahrscheinlich nur ein geringer Prozentsatz der Sowjetjuden nach Israel einwandern wollen, so wie es heute nur wenige amerikanische Juden gibt, die sich in das von Thomas Mann als »staubig und steinig« bezeichnete Mittelmeerland drängen. *Die Virtualität aber ist entscheidend.* Die Möglichkeit, wann immer irgendwo in der Welt ein finsterer Narr auftauchen sollte, dessen idée fixe es wäre, die Juden auszutreiben, in Israel jenes Obdach zu finden, das unter Hitler undank der britischen Mandatspolitik nur vergleichsweise wenigen Juden gewährt wurde – diese Möglichkeit verbindet einen jeden Juden mit dem Schicksal des winzigen Staatswesens im Nahen Osten. Ich möchte sie einmal sehen, die Herren Maxim Rodinson, Ernest Mandel, Eric Rouleau, lauter jüdischblütige, ideologisch entfremdete anti-israelische Juden, im Angesicht der Bedrohung durch einen neuen Hitler! Auf lamentable Weise würden sie antichambrieren in israelischen Konsulaten, um das rettende Papier zu ergattern, und würden sich den Teufel scheren um Marxens antisemitische Verirrungen, die zur Stunde für sie noch heilige Texte sind. – Soviel zu dem, was ich die *existentielle Bindung* aller Juden an den Staat Israel nannte und was nichts, aber schon gar nichts zu schaffen hat mit nationalistischer oder religiöser Mystik, die allemal nur

Mystifikation ist. Ich spreche von sehr realen, politischen, gesellschaftlichen, psychologischen Fakten.

Schon höre ich, was man mir entgegenhalten wird. Die Frage: »*Und die Araber?* Und ihr Staat? Und ihre nationale Würde?« erhebt sich rechtens und heischt Antwort. – Ich bin kein Spezialist für Nahostfragen und in der Geschichte des Zionismus nicht besser bewandert als ein beliebiger Zeitungsleser. Durchaus aber genügt mir diese dürftige Kenntnis zu ein paar Feststellungen, die dem common sense ebenso einleuchten müssen wie der – ideologisch nicht distordierten – Fachmannschaft. Die Palästinenser, die es als Nation nicht gab, als die ersten zionistischen Einwanderer den Boden des heutigen Israel betraten, die sich aber in unseren Tagen in der Phase der Nationwerdung befinden, haben ein *Recht* auf einen eigenen Staat. Die Araber, die das israelische Territorium in seinen Grenzen vor dem Sechstagekrieg bewohnen, haben ein *Recht* darauf, nicht als Bürger zweiter Klasse behandelt zu werden. In dem ganzen Konflikt steht, ich sagte dies schon bei anderer Gelegenheit, *Recht gegen Recht*. Nur muss beachtet werden, dass das Recht der Palästinenser – jener, die innerhalb der Grenzen des ursprünglichen Israel vor 1948 leben, der anderen, welche die Kriege, an denen ihre arabischen Stammesgenossen so ganz unschuldig doch wohl nicht sind, von ihren Heimstätten vertrieben – *prinzipiell* ohne unüberwindliche Schwierigkeiten realisierbar ist. Was verlangt man von den einen? Dass sie loyale Bürger Israels seien. Was wird von den anderen gefordert? Sie mögen endlich einmal klar das Faktum des jüdischen Nationalstaates anerkennen. Der Rest ist rein technischer Natur und darum mit einiger Intelligenz und gutem Willen zu meistern. Und was schließlich mutet man einer öffentlichen Meinung zu, die von rechtsaußen bis linksaußen bereit ist, Israel zu verurteilen im Namen des Selbstbestimmungsrechtes der Völker und der nationalen Identitäten? Nichts Anderes als die Anerkennung der auf der Hand liegenden Tatsache, dass auch der viel geschmähte Zionismus eine *nationale Befreiungsbewegung* ist, dass auch die Juden, das gemartertste, tragischste Volk der Welt, ein Recht haben auf ihre nationale Identität – sofern sie eine solche suchen und nicht schon religiös und ethnisch eingeschmolzen sind in die Wirtsvölker, was durchaus auch eine Lösung ist, zu der aber stets zweie gehören: der sich Einschmelzende und der zu seiner Absorption Bereite.

Das alles ist erschreckend banal. Es ist aber darum nicht weniger wahr, da doch, im Gegensatz zu einem verdrehten Satz Adornos, nach welchem das Banale nicht wahr sein könne, dieses *stets wahr* ist und anders nicht hätte zur Banalität werden können. Ich wiederhole: Es steht im Nahostkonflikt *Recht gegen Recht*. Und füge hinzu: Es steht aber *nicht Gefahr gegen Gefahr gleicher Ordnung*. Tatsache ist, dass die arabische Nation – von dem die »Protokolle der Weisen von Zion« verbreitenden saudiarabischen Despoten über den religionsbesessenen Ghadafi bis zu dem, wie es heißt, »gemäßigten« prowestlichen Sadat und dem sich als Marxisten verstehenden Habache – wild entschlossen ist, den Staat Israel auszuradieren, wie ein Herr Göring das einst mit den englischen Städten hat anstellen wollen. Und unabweisliches Faktum ist des weiteren, dass in dieser Welt niemand da ist, die Sturmglocke zu läuten, ehe ein neuer Genozid ins Werk gesetzt wird. Wirklich niemand? Das stimmt natürlich nicht ganz. Da sind zum Beispiel so weitum als Knechte des Imperialismus bekannte Persönlichkeiten wie Jean-Paul Sartre und Simone de Beauvoir, die gegen die schamlosen UNO- und UNESCO-Entscheidungen protestierten. Die beiden und eine Handvoll anderer. Sie haben aber keine Macht. Wo Macht ist, vom Weißen Haus in Washington bis zum Palais d'Elysée, von Downing Street bis zum Kreml, wo man längst verdrängt hat, dass es mehrheitlich Juden waren, die das Vaterland aller Werktätigen aus dem Boden des alten Russland stampften, ist man, diplomatisch mehr oder weniger paraphrasierend, bereit, das »Recht der Araber«, das sich in Petro-Dollars quantifizieren lässt, zu verteidigen und das Recht der Juden, welches das ewige Unrecht der Armen ist, für ein paar Silberlinge zu verkaufen.

Dergleichen Realpolitik – und man sagt im Französischen »la Realpolitik«, wenn man von schnödem Opportunismus spricht – sickert ein mit unaufhaltsamer Stete in den Blutkreislauf dessen, was öffentliche Meinung genannt wird und was, wie wir aus soziologischen Untersuchungen wissen, stets nur aus Meinungen über Meinungen besteht. Als kennzeichnend für diese Schwenkung in der noch vor nicht langer Zeit den Juden und Israel günstigen öffentlichen Meinung kann man hier das Verhalten der christlichen Glaubensgemeinschaften und namentlich des Vatikans ansehen. Der »Stellvertreter« versäumt keine Gelegenheit, seine Sympathie für die Palästinenser zu verkünden. Er hat, soviel ich weiß, nicht protestiert, als im libanesischen Bürgerkrieg die Leichen von Christen verstümmelt wurden. Er hat geschwiegen, als palästinensische Kommandos jüdische Jugendliche ermordeten.

Im Februar 1976, gelegentlich eines islamisch-christlichen Colloquiums, das ausgerechnet in Ghadafis Tripolis stattfand, unterzeichneten vatikanische Vertreter, zögernd zwar, am Ende aber doch gefügig, eine ganz im Ghadafischen Sinne abgefasste generelle Verurteilung Israels, darin noch einmal der Zionismus als Rassismus stigmatisiert wurde und wo es insonders in bezug auf Jerusalem hieß: »... der islamische Charakter Jerusalems steht fest (...) die Judaisierung der Stadt ist ebenso zu vermeiden wie die Teilung und Internationalisierung der Heiligen Stadt ...« Man glaubte zu träumen: den Alptraum von einem vereinigten Halbmond- und Kreuzes-Feldzug gegen Israel und das Judentum. Allerdings, der Vatikan zog sich später von dem unbegreiflicherweise von seinen Vertretern gegengezeichneten Dokument zurück. Er ging sogar noch einen Schritt weiter: Bei einer Begegnung von katholischen und jüdischen Theologen in Jerusalem nahm Rom eine Stellung ein, die fast schon pro-israelischen Charakter hatte. Dennoch: Das Colloquium von Tripolis verschwand nicht aus der kollektiven Vorstellungswelt. Und ebensowenig ist dadurch dementiert, was in Tripolis ein mohammedanischer Gesprächsteilnehmer in privater Unterhaltung westlichen Journalisten versicherte: »Der Vatikan ist isoliert«, sagte der Mann, »und bedarf dringend des guten Willens der mohammedanischen Welt, die außerordentlich dicht bevölkert und mächtig ist.«

Tatsächlich ist es die Faszination durch die Macht, welche die Tendenzwende bewirkte. Niemand will gegen den Strom schwimmen, was bekanntlich recht anstrengend ist. Nur wenige wagen es, sich zum gestern noch Selbstverständlichen zu bekennen, das mit einemmal befremdet. Eben war es noch natürlich, dass man für das Recht der Israelis auf ihre Eigenstaatlichkeit einstand: und jählings ertappt man sich bei dem Gefühl, dass ein solches Bekenntnis nachgerade zu einer Mutprobe wurde, ehe es morgen vielleicht zur Anstößigkeit wird. Jedermann vom politisch Verantwortlichen über den vorsichtigen Journalisten bis zum politisierenden Räsonnierer an der Straßenecke blickt wartend um sich, als wolle er fragen: Was und wieviel ist eigentlich schon wieder erlaubt? Wer einigen Einblick hat und ein bisschen Flair für die Schwankungen der ewig Schwankenden, wird geneigt sein, den Ungeduldigen zu versichern, dass in der Tat sehr vieles nicht nur gestattet, sondern geboten ist. Siebengescheite sprechen erleichtert von der Tabu-Brechung, nicht ahnend, welchen obskuren Kräften sie damit ihre Stimme leihen.

Nur dass freilich – und damit komme ich zurück zu dem Thema, das ich mir da auflastete – all dies, ich meine: die Selbstentfremdung der Linken, die Interessen des internationalen Großkapitals und der politischen Mächte, die Bösartigkeit der Herrschenden und die schwärmerische Exaltation der Beherrschten und Enterbten, zurückstrahlt in die Welt, in der heute wie ehedem der Jude verbrannt wird; so will es das »gesunde Volksempfinden« in Harlem (New York), am Stammtisch in irgendeinem Fürth, im Café de Commerce in Dijon, in einem beliebigen Nest in Kent – und natürlich erst recht in jeglichem arabischen Bazar.

Lassen Sie mich an dieser Stelle eine Parenthese öffnen. Zur geläufigen Argumentation der Freunde der arabischen Sache gehört der Hinweis darauf, dass in der Welt des Islam, im Gegensatz zum christlichen Abendlande, die Juden stets friedlich und einverständlich mit den Moslems zusammengelebt hätten. Dass dem keineswegs so war, hat in einem ausgezeichnet dokumentierten Buch der tunesische, in Frankreich lebende Jude Albert Memmi, ein Mann übrigens, der sich stets für die Araber eingesetzt hatte, als diese in Nordafrika unter französischer Herrschaft standen, aufs unwiderleglichste nachgewiesen. Der Antisemitismus oder Anti-Judaismus war stets auch für die Mohammedaner eine Selbstverständlichkeit. Die Juden waren und blieben immer im islamischen Herrschaftsbereich Bürger zweiter Klasse, und wo sie sich emporarbeiteten wie im maurischen Spanien, war gleichwohl ihre Lage stets prekär. Man hat sie im günstigsten Falle toleriert, man hat sie niemals akzeptiert. Das hat sich nicht geändert. Zwar ist es möglich, dass in Israel ein kommunistischer und zugleich arabisch-nationalistischer Politiker Bürgermeister einer Stadt wird, aber die paar Juden, die noch in Syrien oder Irak oder sogar in dem vorgeblich gemäßigten Tunesien leben, wo sie am Ende nicht weniger bodenständig sind als ihre arabischen Oppressoren, fristen ihre Existenzen unter ständiger Demütigung und Bedrohung. Die christliche Welt kümmert sich um ihr Geschick so wenig wie um das der sowjetischen Juden, denen sowohl der Weg der totalen Assimilation verrammelt ist wie auch die Flucht in ein Land, das ihnen noch unter den schwierigsten ökonomischen Bedingungen als das »gelobte« erscheinen muss.

Existential-Positivist und obstinater Atheist, der ich bin, fällt es mir nicht ein, aus dem jüdischen Schicksal ein Metaphysikum zu machen. Die Juden sind in meinen Augen so wenig ein auserwähltes Volk wie ein verfluchtes. Sie sind nichts als die Zufalls-Resultante geschichtlicher Konstellationen, die ihnen seit zwei Jahrtausenden ungünstig waren. Zwei Jahrtausende: Das ist eine ganz winzige Zeitspanne in der unaufzeichenbaren Geschichte der Spezies Mensch. Sehr gut kann ich mir vorstellen, dass ein Mann vom Schlage eines Lévi-Strauss, der befasst ist mit vorgeschichtlichen Gesellschaften und deren strukturalen Mythen, sanft und ein wenig verächtlich lächelt über solche für ihn mikrotemporalen Verläufe. Das Lächeln würde diesem Mitglied der Académie Française erst vergehen, wenn hart an seine Türe geklopft würde und eine barsche Stimme, gleichgültig in welcher Sprache, ihm, dem Juden, sofortiges Öffnen und Mitkommen befähle. Es wäre ganz verkehrt, wenn er sich in Sicherheit wöge. Bekanntlich musste ein Mann noch höherer Statur, nämlich Henri Bergson, den Judenstern tragen, ehe ein freundlicher Tod ihn vor dem Äußersten bewahrte. Nein, die Juden und ihr geschichtliches Sein sind kein Metaphysikum. Sie sind, ich sagte das eben, die Opfer von Zufall mehr als von Notwendigkeit – und auch jener *Trägheit des Herzens,* die im Mittelalter den Bauern, im Hochkapitalismus den Proletarier in namenloses Elend stieß. Trägheit des Herzens: ich bediene mich gerne dieser altmodischen Formel, denn sie fasst die Tatbestände besser zusammen als die geistreichsten sozio-psychologischen Untersuchungen. Die Älteren unter Ihnen mögen noch Zeugen gewesen sein, wie im Dritten Reich die Herzensfaulheit die Menschen schnell daran gewöhnte, dass der jüdische Nachbar nächtens abgeholt und deportiert wurde. Heute kann ein jeder beobachten, wie die trägen Herzen sich daran anpassen, dass die Welt, kapitalistische wie sozialistische, es gilt gleich, die Israelis und die ihnen verbundenen Juden *allerorten isoliert* und sie damit der über ihren Häuptern schon wie eine Gewitterwolke hängenden Katastrophe überlässt. Aus der Nahost-Frage wird im Nu eine neue Judenfrage: Und *wie* eine solche beantwortet wird, das wissen wir aus der Geschichte. Das ebenso vorsichtige wie deutliche Abrücken von Israel, und damit von einem jeden Juden, verblüfft den Kenner der trägen Herzen kaum. Die Millionen jüdischer Brandopfer – ach, es waren vielleicht wirklich »nur« fünf oder sogar vier und nicht sechse – sind abbezahlt. Nun mögen diese ewigen Störenfriede sich doch ruhig verhalten, man hat andere Sorgen: Krise, Inflation, Arbeitslosigkeit, Energieprobleme. – Man ließ den Armen schuldig werden: Die Pein wird ihn treffen und die Welt wird, gleich Pontius Pilatus, ihre Hände in Unschuld waschen. Der Antisemitismus im Kleide des Anti-Zionismus wurde ehrbar. Ich gehe auf seine Wurzeln hier nicht ein, jedermann kennt sie, es ist genugsam darüber gearbeitet worden. Ich stelle nur fest, was viele Funk- oder Fernsehsendungen, viele Zeitungsartikel, vor allem in Frankreich, mir offenbar machen. Trägen Herzens tut man so, als wisse man nichts von der *existentiellen Bindung der Diaspora-Juden* an Israel. Tumben Hirnes will man nicht erkennen, dass diese Union der Verzweiflung keine phantastische Narretei ist, vielmehr nur die bare Tatsache ausdrückt, dass das gebrannte Kind Jude im tiefsten Herzen weiß, wo – und wo allein – der Verbandplatz sich befindet, an dem man seine Brandwunden zu pflegen willens ist.

Der ehrbare Antisemit hat ein beneidenswert reines Gewissen, ein meeresstilles Gemüt. Er fühlt sich zudem, was seinem Gewissensfrieden noch zuträglich ist, im Einverständnis mit der geschichtlichen Entwicklung. Erwacht er gelegentlich aus der Dumpfheit seines Dämmerns, stellt er die rituellen Fragen. Ob Israel denn nicht ein expansionistischer Staat sei, ein imperialistischer Vorposten. Ob es nicht durch den »Immobilismus« seiner Politik das Ungemach, das von allen Seiten hereinbricht, selbst verursacht habe. Ob nicht die ganze zionistische Idee die Erbsünde des Kolonialismus trage und damit jeder mit diesem Lande solidarische Jude selber schuldhaft werde. Hier lohnt es sich kaum noch, zu diskutieren. Israels Expansion war die Folge des kriegerischen arabischen Fanatismus, der schon 1948 nichts anderes den Juden versprach, als sie »ins Meer zu werfen«. Der jüdische Kolonialismus war kein erobernder, er ist etymologisch und zugleich politisch abzuleiten vom lateinischen colonus, Bauer. Der »Immobilismus« ist erklärlich aus der Position eines, der mit dem Rücken zur Wand steht: Der ist nicht immobil, sondern schon a priori immobilisiert.

Dies alles soll nicht heißen, dass ich mir nicht der Fehler der israelischen Politik bewusst wäre. Aber noch tiefer und präziser weiß ich, dass diese Fehler in lächerlicher Disproportion stehen zu der durchaus »realpolitischen« Indifferenz der anderen, der Russen und Engländer, der Franzosen und der Deutschen, morgen höchstwahrscheinlich der Amerikaner – nicht zu sprechen von den Arabern, die unbegreiflich werden, wenn sie zum großen Fest ihrer Volkwerdung, die ich ihnen herzlich gönne, den Juden als Brandopfer darbringen zu müssen scheinen. Menschenopfer unerhört.

Aber man ist an derlei gewöhnt, insonders wenn es sich um Juden handelt. Die Opferung des Juden ist bestes Herkommen, geheiligte Tradition. Man kommt nicht auf dagegen. Was soll da die *»Woche der Brüderlichkeit«*, zu der wir uns hier zusammengefunden haben? Ich gestehe meinen Pessimismus ein. Da ich aber nicht nur Pessimist von Geblüt, sondern Aufklärer dem Temperament nach bin und da zudem mein Leben lang meine Heimat ziemlich weit links auf der politischen Landkarte gelegen hat, will ich's mich nicht verdrießen lassen, hier ein paar Worte an meine Freunde aus dem linken Lager zu richten; die Rechte ist ohnehin für mich schlecht ansprechbar, denn noch wo sie sich als genuin pro-israelisch hinstellt, flößt sie mir Skepsis ein. Sicher gibt es mehr als einen aufrichtigen konservativen Mann – vielleicht sogar einstigen Nationalsozialisten –, dem es ernst ist mit seiner Freundschaft zu den Juden und zum Staat Israel, und zwar auch dann, wenn seine Motivierung nichts mit persönlicher Schuldentlastung, vielmehr mit Einsicht in die Tatbestände zu tun hat. Dies muss ausdrücklich gesagt werden. Aber als Repräsentant der sozialen Klasse, die sie vertritt, der Tradition, die sie hochhält, des politischen Erbes, das sie weitergibt, kann die Rechte unmöglich zu jener unbefangen humanen Einstellung zu den Juden gelangen, die allein an der Tagesordnung stehen sollte. Es wäre ganz abwegig, wollte man jenen Milieus Vertrauenskredit gewähren, die vor ein paar Jahrzehnten Hitler finanzierten. Ihnen ist Israel, ist das jüdische Geschick nur ein willkommenes Argument gegen alles, was die bestehende Gesellschaft in Frage zu stellen sich unterfängt. Die Rechte, vergessen wir's nicht, ist für eine Ruhe, die Grabesstile, für eine Ordnung, die Unterdrückung heißt.

Die Juden aber, und auch die israelischen, ja gerade sie, sind ein Element der *fruchtbaren Unordnung*. Sie standen überall dort, wo versteinerte Strukturen aufgebrochen wurden: in Deutschland von der Bewegung des »*Jungen Deutschland*« an bis zu den Arbeiten der Frankfurter Schule; in Frankreich als Volksfrontler, später als Sartrianer, dann als Strukturalisten; in den USA bilden sie den Kern der »liberals«. Und was den nahöstlichen Raum angeht, so kann es keinem Zweifel unterliegen, dass es die jüdischen Siedler in Palästina mit ihrem Versuch der Erschaffung einer demokratisch-sozialistischen Gesellschaft waren, welche die arabische Nation aus dem tiefen Feudalschlaf erweckte, in dem sie jahrhundertelang gelegen hat. Dies gebe ich der Linken zu bedenken, denn sie mag irregeleitet sein, aber sie ist ihrem Wesen nach generös. Es kann nicht, darf nicht sein, dass die Nachfahren der Heine und Börne, der Marx und Rosa Luxemburg, Erich Mühsam, Gustav Landauer es sind, die den ehrbaren Antisemitismus verbreiten, denn in den Antisemitismus *mündet notwendigerweise der rabiate Anti-Zionismus ein,* der für jeden Juden, wo immer er wohne, welch politischer Meinung er anhänge, eine tödliche Drohung ist. Ich übertreibe nicht. Mit einem Gran Phantasie vermag jedermann sich vorzustellen, was geschähe, wenn Israel zerstört würde. Die überlebenden Israelis, dann wieder zu mythischen Wanderjuden geworden, würden sich, flüchtend vor dem Schwert des Propheten Mohammed, in die Welt ergießen. Und wieder würde diese sich verhalten wie nach 1933, da unterbevölkerte Staaten wie Kanada und Australien sich den Juden verschlossen, als wären sie Träger von Pestbazillen. Wiederum wären sie gezwungen, sich durch fragwürdige Schwarzarbeit, durch undurchsichtige finanzielle Transaktionen ihr Brot zu verdienen, denn nicht einmal als Gastarbeiter würde man sie haben wollen, in Krisenzeiten weniger denn je zuvor. – Die sehr alte »Judenfrage«, die, wenn wir Sartre glauben wollen, niemals eine war, vielmehr stets nur eine Antisemitenfrage, würde die Öffentlichkeit beschäftigen. Kein UNO-Flüchtlingskomitee würde sie in normale Staatsbürgerrechte einzusetzen vermögen. Der Anti-Zionismus wäre tot, das wohl. Aber der krude, aus tiefsten Schichten des kollektiven Unbewussten hervorgeholte und aktualisierte Antisemitismus würde aus einer historischen Zufallskonstellation einmal mehr einen Mythos, den Mythos von Ahasver, von Shylock machen.

Damit aber würde zweierlei sich ereignen, wovor heute schon dringlich zu warnen ist, denn es ist hohe, es ist höchste Zeit: die totale Verdammung einer Menschengruppe und die Selbstzerstörung dessen, was gestern noch die Linke war. Dieser letztgenannte Prozess ist in diesem Augenblick schon im Gange. Schon sind wir ja Zeugen, wie die sich als »links« verstehenden politischen Gruppen kein Wort verlieren, wenn ein Despot und Paranoiker in Uganda sich abscheulicher Morde schuldig macht; wie sie nicht protestieren, wenn der absolute Herrscher Libyens Gesetze erlässt, nach denen ehebrecherische Frauen gesteinigt werden; wie sie diskret schweigen, wenn in Algerien auch nicht einer der großen »chefs historiques« der Revolution noch auf der Bildfläche erscheint. Ben Bella? Er wechselte nur die Gefängnisse der französischen faschistischen Offiziere mit denen des »Sozialisten« Boumedienne. Die Linke hält den Mund. Und sofern sie redet, ist ihr Vokabular im eigentlichen Wortsinne ver-rückt. Die Gewaltregime Libyens und Iraks, wo gelegentlich auch Kommunisten in den Kerker geworfen werden, nennt sie hartnäckig »progressistisch«. Israel aber, kein Musterstaat, gewiss nicht, aber doch ein Gemeinwesen, wo Opposition, auch antinationale, sich regen darf, ist in der linken Mythologie ein »reaktionäres« Land. Dies ist schlimmer als die unheimliche Dialektik, vermittels derer jeder und jedes sich rechtfertigen lässt. Es ist das politische Hexeneinmaleins. Es ist die totale Verwirrung der Begriffe, der definitive Verlust moralisch-politischer Maßstäbe. – Ich glaube allen Ernstes, dass die Linke sich am israelischen, id est: am jüdischen Problem neu zu definieren hat. Steht sie noch ein für die humanistischen Werte? Ja oder nein? Ist ihr der Begriff Demokratie noch etwas, das mit allgemeinem Wahlrecht, Rede- und Versammlungsfreiheit, mit den immerhin seit der Französischen Revolution nicht unbekannten »droits de l'homme« etwas zu schaffen hat? Ist *Nationalismus* ihr immer noch, was er stets für sie war, ein aus Vertrotztheit geborener politischer Irrtum? Oder ist er ihr vielleicht überall dort genehm, wo er im Zeichen der Gewaltherrschaft sich gegen Juden richtet, und unrecht, sobald, reaktiv, die Juden ihrerseits unter unerträglicher Pression in seine Falle gehen?

Schließlich: Ist die Linke bereit, anzuerkennen, dass, wenn auch die also benannte »formale« Demokratie nicht zu ihrer Wirklichkeit gelangen kann, solange nicht die ökonomische sie ergänzt, die *formale doch* den absoluten Vorrang hat, da nur aufgrund ihrer die ökonomische errichtet werden kann? Ist, um die abschließende Frage zu stellen, noch immer der Begriff der *Gerechtigkeit* verbindlich für die Linke? Er ist ihr »raison d'être«, seit es sie gibt. Wenn sie ihn opfert, um den Fetisch Revolution einzuhandeln, löscht sie sich selber aus.

Womit der Bogen wieder zurückgespannt ist zur Israel- und Judenfrage. Die Errichtung des Staates Israel war ein Akt der Gerechtigkeit, wie damals auch Gromyko es im Namen der Sowjetunion ausdrücklich verkündete. Dass es im Vollzuge gerechter Rehabilitierung zu Ungerechtigkeiten kam gegenüber den Arabern, kann niemand ableugnen und will auch ich hier nicht verschweigen. Nur freilich: Das den palästinensischen Arabern angetane Unrecht kann, ohne dass es darum zu einem Weltkonflikt kommen müsste, wieder gutgemacht werden; schon heute sind sie nicht eigentlich heimatlos, sondern besitzen zwei Staaten, nämlich Jordanien, wo sie die Mehrheit der Bevölkerung bilden, und den Libanon, dem sie, gemeinsam mit Syrien, ihr Gesetz diktieren. Dass Israel und die Juden der Welt bei der Wiederherstellung des vollen Rechts der Araber ihren Beitrag leisten müssten, darf freilich gefordert werden. Würde es aber zu einer Zerstörung des Judenstaates kommen, worauf, zugegeben oder nicht, die gesamte arabische Politik rechts bis linksaußen, vom saudiarabischen König bis zu Georges Habache, hinausläuft, geschähe ein *irreversibles Unrecht.* Ein flüchtiger Blick in die Geschichte genügt uns, dass wir dessen inne werden – sofern wir nur zu sachlichen Analysen bereit sind. Hier, an präzise diesem Punkte, hätte eine sich selbst wiederfindende Linke, wenn sie sich von einem zwanghaft sie umklammernden Vokabular und ein paar politischen Mythen zu befreien verstünde, mit ihrer großen Aufgabe zu beginnen. Sie könnte, entzöge sie den Arabern ihre blinde Unterstützung und mechanische Jasage, mithelfen, zugleich die israelische Frage wie das jüdische Problem zu lösen. – Der Versöhnungsbereitschaft der immensen Mehrheit der israelischen Juden, die unter einem unerträglichen Druck stehen, darf man ebenso gewiss sein, wie des Verständnisses der Juden außerhalb Israels. Befürchtungen braucht die mächtige und reiche arabische Nation kaum zu hegen. Die Groß-Israel-Träumer würden in einem befriedeten Nahost-Raum ebenso von selbst verschwinden wie die von ständiger Angst, die sich in reaktive Aggressivität verwandelt, geplagte Judenschaft der Diaspora. Man gebe – so müsste die Linke fordern – den Juden die doppelte Freiheit: in den Gastländern im Zeichen der Aufklärung sich zu assimilieren oder nach einem Israel auszuwandern, das auch innerhalb seiner Grenzen von 1967 noch Raum genug hat, einen sehr wahrscheinlich nicht einmal erheblichen Zustrom von Einwanderern aufzunehmen.

Entscheidend scheint mir zu sein, dass die Linke, die möglicherweise Geist und Gesicht der westlichen Welt in der Zukunft mitbestimmen wird, nicht länger einen systematischen Anti-Zionismus betreibt, der für die Juden – und damit historisch objektiv – die widerwärtigen Züge des traditionellen Antisemitismus tragen muss. Hierzu bedarf es nur einiger fast schon beschämend geringfügiger Einsichten. Die jungen Sozialisten, Kommunisten, Maoisten und Trotzkisten brauchen sich nur vorzustellen, dass die Herrschenden ihnen sagen: Wir bekämpfen nicht euch, sondern den Weltbolschewismus. Wir haben nichts dagegen, dass ihr links steht, nur freilich: Unterrichten dürft ihr nicht, der Staatsdienst ist euch verwehrt, eure öffentlichen Versammlungen werden verboten, so ihr euch zu Parteiformationen zusammenschließt, übertretet ihr das Gesetz. Sie brauchen nur mit einem Minimum an Einbildungskraft sich in diese Situation zu versetzen, um zu erkennen, dass sie in ihrem anti-zionistischen Affekt auf der einen Seite aggressiv-zionistische Reaktionen wecken, auf der anderen jene antisemitischen Emotionen, die, mitgeschleppt seit zwei Jahrtausenden durch die Geschichte des Okzidents *und* des Orients, heute so latent vorhanden sind wie eh und je. Es ist die Linke, die mit steil abweisender Gebärde abzulehnen hat, dass der Antisemitismus, dürftig maskiert als Anti-Zionismus, wieder respektabel werde.

Sie hat, im Gegensatz zur traditionell beharrenden Rechten, kein Anrecht auf jene obenerwähnte Trägheit des Herzens. Sie hat kein Anrecht auf Selbstmystifizierung, auf verdrehte Revolutions-Mythologie, auf jenen verstiegenen deutschen Idealismus, den Thomas Mann einst charakterisierte, indem er sagte: »Klänge es nicht so vermessen, man müsste sagen, dass die Nazis ihre Verbrechen aus weltfremdem Idealismus begangen haben.« *Die Linke,* wenn sie sich als solche richtig versteht, *ist ein Kind der Aufklärung,* der Enzyklopädisten, der großen Französischen Revolution, der denkerischen und poetischen Wirksamkeit Lessings, Heines, Börnes, Moses Mendelssohns, Feuerbachs. An ihr wäre es, heute energischer denn je, Jean-Paul Sartre zuzustimmen, der gelegentlich eines Interviews in den Tagen des Oktoberkrieges gesagt hat: Ich weiß nur, dass in diesem Konflikt drei Millionen gegen hundert Millionen Menschen stehen. Und noch ein anderes Wort jenes Sartre, dessen linkes Herz noch schlägt, glücklicherweise, wenn leider auch in einem zerstörten Körper, sollte sie beherzigen:

»Kein Franzose wird in Sicherheit sein, solange ein Jude, in Frankreich und in der ganzen Welt, um sein Leben fürchten muss.« Sartre schrieb diese Zeilen unmittelbar nach dem Zweiten Weltkriege nieder, zu einer Zeit, da der Brandgeruch von Auschwitz noch in der Luft hing und in der Tat kein vollsinniger Mensch es gewagt hätte, die Juden, die in Palästina, die in Frankreich und in der Welt, in ihren Rechten anzustasten. Damals musste wirklich kein Jude, *weil* er Jude war, um sein Leben bangen. Der Brandgeruch hat sich mit den Jahren verflüchtigt. In Israel muss jeder Jude um sein Leben zittern, sei er auch der tapferste. Und mit ihm alle Juden in allen Ländern der Erde. – Mag sein, es weiß, begreift das nur, wer Zeuge des Mordrausches im Dritten Reich war.

Meine Damen und Herren: Der zu Ihnen spricht, *war* Zeuge. Er wurde selber abgetastet, wie im Märchen von Hänsel und Gretel, nicht ob er fett, sondern ob er mager genug sei, um geschlachtet zu werden. Ich appelliere an Ihre, an der Welt Emotion, gewiss vor allem aber an Ihre Intelligenz, wenn ich ausrufe: Der Antisemitismus, auch wenn er sich Anti-Zionismus nennt, ist nicht ehrbar. Er ist im Gegenteil der unverlierbare »Fleck auf der Ehr'«, den die zivilisierte Menschheit trägt.

Nehmen Sie bitte diesen Aufruf nicht als persönliche Anrede. Von Ihnen, die Sie sich hier zusammengefunden haben, die »Woche der Brüderlichkeit« einzuleiten, weiß ich ohnedies, dass Sie, wo immer Sie politisch stehen, besten aufrichtigen Willens sind – anders wären Sie wohl nicht hierhergekommen. Da aber meine Worte eine gewisse Chance haben, hinauszudringen über unseren engeren Kreis von grundsätzlich miteinander Einverständlichen, wählte ich sie so, wie Sie sie hörten. Das Problem des im Kleide der Ehrbarkeit und des modischen Chics sich präsentierenden uralten Antisemitismus geht ja auch weit hinaus über alles, was christlich-jüdische Zusammenarbeit bewerkstelligen kann. Es ist Sache der Welt und ihrer Geschichte. Und wo immer, wann immer wir Einverständlichen die Möglichkeit haben, auch auf bescheidenste Weise durch unser Wort einzugreifen in den historischen Prozess, der wieder einmal gegen die Juden geführt wird, sind wir verpflichtet, uns vernehmen zu lassen: moralisch, politisch, polemisch und mit jener Emotion, die einer guten Sache zukommt.

NACH DEM AUGENSCHEIN

Nun liegt also mein erster Israel-Besuch hinter mir – und ich habe nichts zurückzunehmen. Ich sah ein Land in Waffen, ein ebenso vibrierendes wie armes Land. Erschreckende Klassenunterschiede: Ausgerechnet in Tel Aviv musste ich die einzige Hollywood-Behausung sehen, die zu betreten mir je gegönnt war! Ich sah Araber des besetzten Gebietes. Beduinen, stolz wie die Legende es will, arm, aber mit Transistorgeräten ausgerüstet, die ihnen die Stimmen der palästinensischen Befreiungs-Organisation vermitteln. Ich redete mit furios anti-zionistischen Juden, welche die Grundlagen dieses Staates vehement in Frage stellen, was sie nicht hindert, Stellungen als Hochschullehrer einzunehmen. Ich sprach mit einem linken Wiener Kibbuznik, seit vierzig Jahren im Lande, der längst vom Intellektuellen zum Bauern geworden war: ein jüdisch-israelischer Bauer, der das reinste Deutsch sprach, das ich seit langem hörte. Er erzählte mir den melancholischen Witz von Gott, der den Erzengel Gabriel nach seinem Volk in Israel befragt. »Dieses Volk ist frohen Mutes«, sagte der Schwertengel. »Oi weh«, antwortete der Herrgott und stützte das geplagte Haupt in die Hand, »ich fürchte, die verlassen sich wieder einmal auf mich.« Dann setzte der Juden-Bauer ernst hinzu: »Mag sein, dass alles schlecht enden wird. Aber wir werden unsere Haut teurer verkaufen, als die Welt es ahnt.« Was er meinte, war mir erst nachher klar, als ich in der Presse von der israelischen Atombewaffnung las ...

Ein Erobervolk? Eine Minorität ist gewiss auf großisraelische »Mehrung des Reiches« aus. Die erdrückende Mehrheit ebenso sicher nicht. Aufgeregte Kontestatäre sprachen mir vom »Immobilismus« der Regierung und von der Notwendigkeit, eine sehr weitreichende unilaterale Geste zu tun. »Was nützt uns unsere ausgestreckte Hand?« fragten andere, »da doch unsere Nachbarn bestenfalls in sie hineinspucken, schlimmstenfalls sie uns abhacken würden.« Und man gab mir das libanesische Beispiel, wo Araber gegen Araber mit einer Grausamkeit kämpfen, von der wir glaubten, dass es sie nicht mehr gäbe. Der Zufall wollte es, dass ich an eine deutsche »Arierin« geriet, zum Judentum bekehrt, die um alles in der Welt nicht glaubte, auf Rahels Grab verzichten zu dürfen. Und er brachte mich zusammen mit bildschönen Araberknaben, die beim Betteln in Nazareth »Schalom« sagten, denen man aber schon die Entschlossenheit der künftigen palästinensischen Nationalisten ansah, für die es kein »Schalom«, keinen Frieden mit den Juden geben dürfe.

Was ich noch sah: Besatzung. Es war nicht schön. Jeder bewaffnete Okkupant nimmt gegenüber dem waffenlosen Okkupierten die Allüre des Herrenmenschen an. Wann immer ich aber diese jungen israelischen Krieger im Wagen mitnahm, dann waren es todmüde arme Teufel, denen ihre Maschinenpistolen Last waren. Sie waren übrigens – Zufall? Statistik, die in der Zufallsbegegnung sich ausgedrückt? – fast alle »schwarze« Juden: Ihre Eltern waren aus Tunesien, Marokko, dem Jemen, dem Irak und dem Iran gekommen, einer, der völlig negroid aussah, stammte sogar aus Libyen und setzte erklärend hinzu: Ghadafi ...

Und an der Klagemauer die Fanatiker im Kaftan. Sie waren mir unheimlich im höchsten Grade, denn ich wusste um ihren untergründigen Einfluss, der stark genug ist, die Regierung daran zu hindern, einer Internationalisierung aller dieser Stätten wüsten Aberglaubens zuzustimmen. Irgendwo im Hintergrund Herr Kissinger, der tragische Jude aus Fürth, der in diesem Raume amerikanische Großmachtpolitik treiben soll. Das Ganze buchstäblich zum Irrsinnigwerden in seinen Kontradiktionen. Und doch erscheint es vielen so einfach. Ich sprach mit einem blutjungen, aus Nordafrika stammenden Soldaten, der mir erzählte, sein Monatssold belaufe sich auf 150 israelische Pfund (etwa sechzig DM) und seine Familie sei arm. Ich machte bedauernde Bemerkungen. Er unterbrach mich: »I don't like to fight. But I want to live – so I shall fight.« Auf dieses »fight«, das letzte Gefecht, läuft, so scheint mir, alles hinaus. Ich sehe keine Lösung. Die Araber fordern ihr Recht, die Juden das ihre: Beide stehen gegeneinander. Bertrand Russell hat einmal gesagt: »Es war ein Irrtum, die Juden in Palästina anzusiedeln; aber jetzt, wo dieser Staat besteht, wäre es ein noch größerer Irrtum, ihn wieder loswerden zu wollen.« Dass die Araber Israel zerstören wollen, vom saudiarabischen Despoten bis zum realpolitischen Arafat, von Ghadafi bis zum kommunistisch-nationalistischen (oder soll ich sagen: nationalsozialistischen?) Bürgermeister von Nazareth, ist so klar, dass ein Narr sein muss, wer es nicht sehen will. Dass die Großmächte erleichtert aufatmen würden nach dem »Loswerden«, ist ebenso gewiss. Dass die gesamte Konstellation die seit Auschwitz unterschlagene »Judenfrage« tragisch aktualisieren würde, ist schließlich die Konsequenz, der ins Auge zu schauen schon jetzt vonnöten ist.

Nein, ich nehme nichts zurück. Im Gegenteil. Der Augenschein hat mich von der Legitimität meiner Position überzeugt. Er hat mir nur die allerletzten Illusionen genommen, dass ebendiese Position auch nur die geringste Chance hat, die Öffentlichkeit zu überzeugen.

GRENZEN DER SOLIDARITÄT

Die Diaspora-Juden und Israel (1977)

Trügen die schlimmen Anzeichen nicht, erscheint es, als wollten die politischen und militärischen Kräfte im Nahen Osten sich zu einem weltgefährdenden Absprung rüsten. Ein neuer Krieg zwischen dem Zwergstaat Israel und der mächtigen arabischen Welt mag ausgehen wie immer: er würde, gewonnen von den Israelis, nur das Vorspiel zu anderen und immer neuen bewaffneten Konflikten sein; von den Juden Israels verloren, müsste er unweigerlich die physische Vernichtung einer unvorausberechenbaren Anzahl jüdischer Bewohner des Landes bedeuten. So oder so wäre eine Katastrophe von Auschwitz-Ausmaßen das tragische Ende, denn irgend einmal würde die immense, heute zum Teil noch potentielle, morgen oder übermorgen aber manifeste Überlegenheit der arabischen Staaten, ihre wirtschaftliche, militärische und, wer weiß, technologische Suprematie totaliter historische Gestalt annehmen: Der Judengott wird dann »sein Volk« so wenig schützen wie in den Jahren von 1941–1945; er ist entweder Herr und Würger oder Schwächling, vielleicht beides in seiner Rätselhaftigkeit.

Ist es angesichts solcher Perspektive der Moment, die Grenzen der Solidarität, die das Diaspora-Judentum an Israel bindet, auf einer imaginären moralischen Landkarte einzuzeichnen? Ist es statthaft, zu einem Zeitpunkt, da in der UdSSR eine antizionistisch-antisemitische Campagne von unglaublicher Violenz und unter dem Einsatz der wohlbewährten Phantasmen vom weltweiten Komplott des sich auserwählt dünkenden Volkes gegen die gesamte Menschheit inszeniert wird, da ein erheblicher Teil der unabhängigen Linken sich gedankenlos gleichschaltet mit den Streichers und den Stürmern der vorgeblich sozialistischen Länder, dem ohne Glanz vereinsamten Israel einen »Dolchstoß in den Rücken« zu versetzen, der hier anderes wäre als ein wohlfeiles Schlagwort?

Doch. Man darf. Man muss – sofern man nicht bereit ist, die in eins fallenden Gebote von Sittlichkeit und Aufklärung durch Abstriche um ihre Verbindlichkeit zu bringen. Ein die Tora im Arm haltender Premier Begin, der ohne viel Federlesens mit Berufung auf biblische Verheißung die besetzten Gebiete des jordanischen Westufers wider jegliche Vernunft und geschichtliche

Einsicht als »befreite« bezeichnete und politisch in diesem Sinne zu handeln gesonnen ist, wäre allein schon Grund genug, dass die Juden der Diaspora ihr Verhältnis zu Israel neu überprüfen. Aufkündigung des Solidaritätspaktes ist a priori auszuschließen: »Juden, Personen, die im Sinne des Reichsbürgergesetzes zum Schutze des deutschen Blutes als Juden gelten«, sind, fixiert und bestimmt durch den Blick der anderen, auch dort, wo es sich nicht um deutsches Blut handelt, unlösbar in ihren Geschicken aneinandergekettet. Israel ist ihre ureigene Sache, da mögen sie sich bergen wollen wie immer – als Staatsmänner, amerikanische, französische, österreichische, als aufgeregte »linke« Schriftsteller, die sich verzweifelt an die Jugend klammern, als pseudosouveräne Observatoren politischer Vorgänge, von denen sie meinen, sie könnten sie sub specie aeternitatis an- und durchschauen; die Anderen, in Harlem, New York, Paris, Buenos Aires, weiß Gott wo noch, lehren sie, sobald es aufs Brechen eher geht als ans Biegen, dass sie Juden, Halbjuden, Vierteljuden, sogar »jüdisch Versippte« sind. Streicher und sein Meister blieben die Herren – über Galgen und Bunker hinaus. *Solange es einen einzigen Antisemiten gibt, gehört jeder Jude zu jedem anderen.* Der existentielle Solidaritätspakt der Diaspora-Juden mit dem Land Israel enthält keine Klausel, die sein Erlöschen vorsieht. Gleichwohl, ja gerade darum ist es Pflicht der Vertragspartner in der Diaspora, den Sozius in Israel zu warnen und ihm mit voller Deutlichkeit, im Bewusstsein der Unkündbarkeit des Fundamentalkontrakts zu sagen, wo und warum sie die Bande zwar nicht sprengen – dies ist unmöglich –, wohl aber lockern müssten, denn es gibt Verbindlichkeiten höherer, wenn auch abstrakterer Ordnung.

Da liegen mir unklare und, zugegeben, unzureichende Berichte vor über angeblich systematische Anwendung der *Tortur* gegenüber arabischen Häftlingen in israelischen Kerkern, sowie volltönende, aber nicht unbedingt überzeugende Dementis von israelischer Seite. Ich weiß so gut wie nichts über die Vorgänge in israelischen Gefängnissen – wie wäre es auch möglich, dass ich oder irgend jemand Authentisches wüsste? Die Frage der Wahrheit sowohl der amtlich israelischen wie auch der unkontrollierbaren arabischen Aussagen sei dahingestellt. Mit allem mir zu Gebote stehenden Nachdruck aber will ich hier erhärten, dass ich, ohne den existentiell ohnehin gültigen Vertrag mit Israel in Frage zu stellen, in der Haut eines jeden Gefolterten, und sei er ein blutbefleckter arabischer Terrorist, stecke. Die abstrakte Chiffre »Mensch« steht in meinem Wertsystem höher als der Begriff »Jude«, mag ich auch dessen Konkretheiten in ihrem ganzen Schrecken erfahren haben. Und ich fordere jeden Juden, wenn er Mensch sein will, dringlich auf, mit mir in der radikalen Aburteilung der Tortur als System übereinzustimmen. Wo die Barbarei beginnt, dort muss selbst die Existenz endigen. Die abstrakten Gebote der *Moral* haben den Vorrang, sollen, müssen ihn haben, vor jedem Existenzial.

Des Weiteren: Es ist unannehmbar für jeden, so halbwegs von der Vernunft erhellten Menschen, dass die rabbinischen Gesetze zur Grundlage einer sozialen Gemeinschaft werden, dass man aus Legenden »Geschichte« macht und aus dieser wiederum aktuell-politische Ansprüche ableitet. Hier spreche ich freilich nicht mehr mit der gleichen moralischen Gewissheit und vermesse mich nicht, zu verlangen, dass jeder Jude mir folge. Immerhin weiß ich mich im Einverständnis mit einer nicht geringen Anzahl intellektuell emanzipierter, mit Selbstverständlichkeit laizistisch denkender Juden, wenn ich sage, es sei der geschichtliche »Glanz« des Judentums, nicht die im Sinne Freuds zwangsneurotische Orthodoxie, sondern die Überschreitung althergebrachter Seinsmodi gewesen; sein »Elend« (wenn auch sein mysteriöses Überstehen auf paradoxe Weise zugleich) war das finster-starre Festhalten an der religiösen Tradition. Heine, Marx, Freud, Bergson bis herauf, ganz nahe an uns, zu den jungen Philosophen Frankreichs und den jüdischen Romanciers in New York und Chicago – sie haben Geltung und Wirkung nicht als Juden, sondern als jüdische, sich selber überschreitende *Menschen*.

Die Rechtfertigung des Staates Israel kann darum auch nicht in der Berufung auf ein auch noch so würdig patiniertes, noch so bedeutendes Sagengut bestehen, vielmehr in der humanen Sendung, die von den Emanzipationsjuden verkörpert wurde und dem gleichfalls human begründbaren Anspruch, dass die Juden als freies Volk auf eigenem, freien Grund stehen, da nun einem die Gastlichkeit der »Wirtsvölker« auch heute noch allüberall günstigstenfalls eine prekäre ist. Humane Sendung? Ist vielleicht auch dies wieder ein zugleich unbilliges und anmaßendes Verlangen? Warum soll unter allen Völkern der Erde ausgerechnet den Juden eine prometheische Aufgabe abverlangt und zugesprochen werden? Verfällt, wer als Jude von der sittlichen Mission der Juden spricht, nicht eben jenem Auserwähltheitsdünkel, der eines der stärksten Argumente offener und versteckter antisemitischer Agitation ist? Nun denn: Offen sei ausgesprochen, dass das Überstehen der Juden als ein geschichtswidriges Faktum erscheint, sofern man unter Geschichte anderes versteht als wertneutrale Aufsammlung und Registrierung von Daten in sich »sinnloser« Vorgänge. Wo Temporalität und Historizität vorausgesetzt werden, dort ist den Juden der Auftrag der Selbstlegitimation gegeben – in Israel nicht anders als in der Diaspora. Allerdings ist die Diaspora-Judenschaft, das berüchtigte »Weltjudentum« meinetwegen, besser ausgerüstet, diese den Juden auf den Schultern liegende moralische Last zu erkennen, da es ja nicht versucht ist, Realpolitik zu machen.

Das alles klingt nach billigen und unerbetenen Ratschlägen, vom sicheren Port aus: Verhaltet euch, ihr Leute in Tel Aviv und Jerusalem, mit einer bis an die Grenzen moralischer Kraft und staatspolitischen Möglichkeit gehenden Humanität gegenüber euren längst jenseits sittlicher Grenzen stehenden Terroristen. Erkennt, dass eure Freiheit nicht gegen den palästinensischen Vetter errungen werden kann, nur *mit* ihm – und möge dieser auch zur Stunde noch von Freiheit nichts wissen und euch in wildem Rachedurst an die Kehle wollen. Nehmt den Rat an, denn der Port, von dem er euch zugerufen wird, ist nichts weniger als sicher, und die ihn erteilen, stehen ebenso mit dem Rücken gegen die Wand wie ihr. Bringt es nicht dahin, dass die unaufkündbare Solidarität, die uns an euch bindet, zur Katastrophengemeinschaft miteinander Untergehender werde. Denn kein Zweifel ist möglich im Angesicht des schwelenden Antisemitismus, der über die Kontinente hin von der äußersten Rechten bis zur extremen Linken sein Haupt wieder erhebt, dass die Juden der Diaspora und die des Staates Israel voneinander abhängen: der aufrechte Gang jener ist nicht möglich ohne die Existenz dieser; und diese kommen nicht aus ohne die moralische Hilfe jener, die in letzter Analyse sich als wesentlicher herausstellen muss als die materielle. Die Spenden chassidischer USA-Juden, die Lobbyarbeit der vom Problem doppelter Loyalität schon seelisch zerrissenen jüdischen Amerikaner kommen nicht auf für die uneingeschränkte Jasage der aufgeklärten, emanzipierten Juden der Diaspora, die dem Staat Israel verhaftet bleiben unter allen Umständen, die ihn aber einer feindseligen Welt gegenüber guten Gewissens nur verteidigen können, solange er ein vorgeschobener Posten ist: nicht des »Imperialismus«, wie ebenso gedanken- wie skrupellose Propaganda es behauptet, sondern der Demokratie und der Humanität, die beide unteilbar sind und von denen nichts abzuhandeln ist.

Noch hält, unachtlich des von biblischen Visionen heimgesuchten Premierministers der Staat Israel eine solche ausgesetzte Position: Das Land ist im Vergleich zu den meisten anderen Staatsgebilden der Dritten und der Vierten Welt ein Paradies, selbst dann, wenn die kompromittierendsten Berichte verifiziert werden sollten. Aber auf wie lange? Dies ist die bange Frage, die nicht nur Israel und die Juden angeht. Die Antwort werden jene geben müssen, die mehr sind als »die Verantwortlichen«, nämlich: verantwortlich.